父として考える

東 浩紀・宮台真司
azuma hiroki　miyadai shinji

父として考える◆目次

まえがき　東　浩紀　6

第1章　親子コミュニケーションのゆくえ――家族を考える……13
●時間感覚の変化　●宮崎アニメへの反応　●超越性への感性　●生まれか育ちか
●子は親に似る?　●メディアを介した影響　●上書きされる記憶
●「なんてこったい」　●男親なんかいらない?　●子どもを介したネットワーク
●「お受験」で失うもの　●ファスト風土再考　●父として東京から考える

第2章　子育てを支える環境――社会を考える……59
●ロスジェネ系議論の問題点　●専業主婦願望の背景　●高学歴と幸福
●同質性の中の果てしなき見栄競争　●共通前提の不在　●三鷹から青葉台へ

●隙間コミュニケーションの重要性　●血縁を超えるネットワーク
●高速道路無料化の是非　●託児室をめぐる悪循環　●職住近接を妨げるもの
●まずは仕事と家庭を混ぜることから　●「子ども手当」はセカンドベスト
●子育てのインフラストラクチャー

第3章　均質化する学校空間──教育を考える……109
●グループワークができない子どもたち　●なぜ班活動は衰退したのか
●ノイズ耐性のない親子　●大学のサブゼミが機能しない
●九二年問題──学校がホームベースではなくなった　●均質化する東大生
●ツイッター時代のマネジメント　●ダダ漏れを前提に動く
●ツイッターが島宇宙をブリッジする　●ジョブマーケットの現状
●高プライド人間の末路　●高学歴ワーキングプア問題に物申す
●子は無意識を学ぶ　●コミュニケーション能力は教育できるか
●学区的共同体の再構築　●「斜めの関係」で地域再生

第4章　コネ階級社会の登場
――民主主義を考える……179
●運命の出会いと必然性信仰　●バックドア問題　●おひとりさま志向という錯誤
●上野千鶴子現象　●潔癖症のロジック　●ロマンがなければ現実は動かない
●「社会」概念の喪失　●参照点としての沖縄　●沖縄における風俗の役割
●コネ階級社会化する日本　●マスメディアの悪習をキャンセルする
●民主主義2・0の可能性　●新しい教養人モデル
●オフラインの欠落をオンラインで補塡できるか　●娘たちから学んだこと

あとがき　宮台真司　239

本文構成・斎藤哲也　校閲・大河原晶子
写真撮影・福岡耕造　DTPデザイン・佐藤裕久

まえがき

　この本には、社会学者の宮台真司氏と批評家の東浩紀のあいだで、二〇〇九年九月一〇日と二〇一〇年二月二日の二回、都内で行われた対談が収録されている。前者の対談は、二〇〇九年秋に、ぼく（東）が責任編集を務める思想誌『思想地図』第四号（ＮＨＫブックス別巻）に単独で収録されている。その対談が増補され、いまあらためて新書として刊行されているのは、そのときの評判が思いのほかよかったからである。なお、本書刊行にあたり、二度の収録を合わせ再構成したので、前半が一度めの、後半が二度めの対談と必ずしも対応しているわけではない。

　本書は『父として考える』と題されている。このタイトルから、読者はいわゆる「育児本」を期待するかもしれない。実際そのほうが売れるだろうし、編集者もそれを望んでいたはずだ。しかし本書は残念ながら育児体験を語った本ではない。

　本書は、むしろ、共通の読者を多くもち、数年前に相次いで子を授かった新人類世代の社会学者と団塊ジュニア世代の批評家が、文字どおり「父として考え」て作った対談本、つまり、少子化やら非婚やらが話題になっているいま、たがいの思考や関心のちがいについて、あらためて「父」としての立場から意見を交換した書物である。育児の話は全体の半分もない。

したがって、本書の内容は、宮台氏とぼくがこの一〇年間どのような仕事をしてきたのか、その文脈を知らないと戸惑うところがあるかもしれない。しかし逆に、その文脈を知る読者にとっては、著者ふたりの発言や思考が「父」というプリズムを通すとどうかたちを変えるのか、その変形の様態から宮台氏の活動、東の活動、さらには「ゼロ年代の思想」一般を捉《とら》え返す、といったマニアックな読みかたができるだろう。いずれにせよ本書は、父の理想像やありかたについて言論人が確固たる見解を述べる本というものではまったくなく、むしろ、たまたま父になってしまった、ふたりの言論人の戸惑いを記録した不定形な書物である。

そのような限界のなかで、著者ふたりの戸惑いを笑って読み飛ばしていただければ幸いだ。

＊

さて、あらためてゲラを読み返すと、言い忘れたことがあまりに多いことに気がつく。そもそも宮台氏とぼくのあいだでは（ふたりの著作を追う読者ならご存じのように）、理想の成人像も家庭観も教育観も異なり、したがって対立点はもっと明確に抽出できたはずである。そしてそういうときは、ひと世代下のぼくが批判者の役割を担うと相場が決まっている。

にもかかわらず、この対談ではいまひとつぼくの歯切れが悪い。対談相手として能力不足を恥じるしかないが、ただひとつ言い訳を記させてもらえば、話題がこと子育てというプライベートかつセンシティブな話題になってくると、そうそう簡単に「宮台さん、それはちがうと思うんですよ」と言えないことは確かである。宮台氏はじつに真摯《しんし》に二人の娘と向き合っており、その言葉ひとつひとつが彼らの実在の生と直結している。ぼくもまた父親ではあるので、その重さは実感できる。そのとき、たがいがたがいの家庭観や教育観について、空疎な論戦を繰り広げることになんの意味があろうか。

父として、つまりは子どもという他者の生に全的に責任を負う存在としてあらためて対峙《たいじ》してみると、もはや抽象的な思想や問題について言葉を交わすことそのものが空疎に感じられるようになった。皮肉でしかないが、それこそがもしかしたら、『父として考える』と題されたこの対談集の核心の結論なのかもしれない。

若い世代の読者にとって、宮台真司氏は一九九〇年代に援交少女を擁護した社会学者として、東浩紀はゼロ年代にオタクを擁護した批評家として、それぞれ「父になる」こととは対極にある、リベラルで破壊的でいわば反家庭的な価値観を体現する言論人として記憶されているはずである。むろん、宮台氏もぼくもそのような単純な主張を行ったつもりはない。しかし、ぼくたちふたりの活動がそのようなものとして記憶されているのは事実であり、そしてその事態そのものが、九〇年代からゼロ年代にかけての日本の内向きの思潮を克明に反映している。

だから、ゼロ年代が終わり、一〇年代が始まるいま、そのようなふたりがともに「父として」どこか失語症に陥ってしまった、そんな対話の記録を残しておくことにも多少の公的な意味はあるのかもしれない。

援交少女を、あるいはオタクを、いかにして母／父へと導いていくのか。あるいは断固導くべきではないのか。宮台氏もぼくも、これからはその問いを避けることができないだろう。

＊

最後に謝辞を。

本書の制作については、ＮＨＫ出版の大場旦、井本光俊の両氏、編集者の河村信氏にたいへんお世話になった。とくに大場氏には、いまから七年前、『自由を考える』（大澤真幸氏との共著、ＮＨＫブックス）の出版以来、継続的にお世話になり続けている。あらためて謝意を表したい。

つぎに対談相手の宮台真司氏に感謝したい。

宮台氏にはこの数年、本書に限らずさまざまな局面でお世話になっている。またその活動と見識には影響を受け続けており、語るべきこと、感謝すべきことは多数ある。しかしここではただひとつ、二回の対談と前後の私的な会話を通じて、氏の「父として」の振るまいに大きな感銘を受け率直に反省を迫られた、そのことについてあらためて感謝したい、とだけ記しておこう。

本書を読めばおわかりになると思うが、宮台氏に比較するとぼくはじつにちゃらんぽらんな父親である。ぼくも三九歳なのだから、宮台氏に較べるとひと世代若いとか言っている場合ではない。父としての自覚が求められる。せめて教育方針ぐらいもつべきだ。冗談でも韜晦《とうかい》でもなく、ぼくはそう思う。

そして最後に、妻さなえと娘汐音《しおね》に、とりわけさなえに深い感謝を捧げたい。あらためて繰り返すが、ぼくは本当にちゃらんぽらんな父親であり、本来ならこのような書物を出す資格は一切ない。そのようなぼくが、とりあえず形式的にでも「父」を名乗ることができ、偉そうに発言をできているのは、全面的に妻の非凡な能力と協力のおかげである。

あとは、一〇年後あたりにこの本を発見した娘が、ぼくを軽蔑しないことを祈るばかりだ。

いや、本当は、娘が病気にも事故にも遭《あ》わずに一〇年後にもいまだぼくの傍《そば》にいて、この本を発見してくれるようなら、たとえ軽蔑されてもそれでもぼくは十分に幸せなのだろうけれども。

二〇一〇年六月六日
汐音の五歳の誕生日に

東 浩紀

第1章

親子コミュニケーションのゆくえ

——家族を考える

東浩紀　僕と宮台さんにはともに娘がいます。宮台さんの上の娘さんはいま三歳、僕のところはいま四歳です（以下、年齢はすべて対談当時）。さらに宮台さんには二〇〇九年の夏、下の娘さんがお生まれになりました。まずは、お祝いの言葉を述べたいと思います。おめでとうございます。

宮台真司　ありがとうございます。いま、長女が三歳二ヶ月、次女が零歳一ヶ月です。

東　この対談は、宮台さんと僕が、たがいに父になることではじめて見えてきた問題についてざっくばらんに意見交換してみましょうか、という肩の力の抜けた企画です（まえがきにも記したように、この対談の半分は僕が責任編集を務める『思想地図』第四号内の企画として収録されました）。とはいえ同時に、ふたりの「父としての思考」の差異を通じて、今日の知的課題を浮かび上がらせたいという思惑もあります。

最初はまず、具体的にそれぞれの育児体験の比較からスタートしましょうか。

●時間感覚の変化

宮台　東さん、子どもが生まれて意外に思ったことってありますか。僕が意外だったのは、子どもってノイジーだけれど、少しも気にはならないことでした。子どもをつくることに躊躇《ちゅうちょ》があったのは、よくある話ですが、仕事の邪魔になるのではと心配したからです。

はっきり申し上げると、実際にすごく邪魔になります。およそ三割は能率が下がります（笑）。でも、それが心理的なダメージになると惧《おそ》れていたのに、不思議なことに、まったく苦にならない。むしろ三割くらいだったら「まあ、いいか」と思ってしまう。そういう自分に驚きました。仕事第一主義だった自分が、こんなにも仕事が犠牲になっているのに平気であることが驚きだったんです。

東　わかります。僕の場合も、効率は三割どころかもっと落ちている感じです。うちはいま娘を保育園にあずけていますが、それでも週末など、本当なら雑事を片付けて資料を読み込むはずだった時間がまったく取れなくなっている。でもやはり、同じようにストレスにならない。それどころか、むしろいまは、休日は本来娘と遊ぶために使うべき時間なのに、なぜ仕事をしてなければならないのだと、頭が逆の方向に切り替わってきている。

よく言われることですが、子どもは刻一刻と成長するので、二歳の娘、三歳の娘はそのときしか存在しない。来年の娘はいまとはちがう存在ですよね。だから時間の貴重さに対する感覚が変わってきます。仕事は一年後でもできるけれど、二歳の娘とはいましか遊べない。

宮台　うちは子どもを保育園にあずけていないので、地域ボランティアの子育て支援サークルに行ったり、公民館の体操教室に行ったりする以外、子どもは家にいます。僕も家にいるようにするため、思いきって大学研究室のパソコンを撤去しました。なので、子どもとコミュニケートせざるをえません。

で、子どもの様子を毎日見ているのですが、着実に成長しているのがわかります。ピアジェの発達構造化仮説[*1]によると、あるステイタス（発達段階）のときにある刺激を受けると、ステイタスが一から二に変わる。ステイタスが変わると、以前意味があった刺激に意味がなくなり、いままで意味がなかった刺激が意味を持ち、その新しい刺激を受けて今度はステイタスが二から三に上がる。神経質になっても仕方がないけれど、東さんがおっしゃるように、あるステイタスのときに特定のコミュニケーションをし忘れると、そのときに意味があった刺激がそうでなくなるので、「だったら時間を有効に使わなくてはいけない」と思うようになりました。

東　おっしゃる通りです。五、六歳までが決定的に重要な時期だと思いますが、結局そのときは一回しかない。取り返しがつかないわけです。この期間を親としてどう過ごすか。

これはじつは、大人と対するときにはない感覚なんですよね。むろん来年の宮台さんはいまの宮台さんとちがう存在ですが、しかしたいていは意識しないでコミュニケートしている。大人にとっては、今年も来年も同じ。仕事の時間は結局は「循環する時間」です。他方で子どもは「成長する時間」を持っている。そういう違う時間性を持つ存在が、同じ家の中に現れた。それがもっとも大きな変化だと感じています。

●宮崎アニメへの反応

宮台　僕の場合、仕事の上でも刺激を受けます。いま申し上げたようにピアジェの発達構造化仮説の妥当性をあらためて確認したし、それ以外にも興味深いことがありました。

長女は宮崎駿《はやお》アニメを二歳半から見始めて、既に一〇作品以上見ています。いちばん面白がったのは『風の谷のナウシカ』で、次が『天空の城ラピュタ』と『千と千尋の神隠し』。『崖の上のポニョ』や『となりのトトロ』は「子ども向けでつまらない」そうです。

『ナウシカ』を見た娘に「巨神兵《きょしんへい》はどうして悪いの？」「この世の中に悪い人がいるの、なぜ？」「悪いとはどういうこと？」など、あまりにも原理的なことを聞かれて困ったのですが、その話を編集者から聞いた大塚英志《えいじ》さんが「超越性に惹《ひ》かれているのではないか」「超越性を含む構造がポイントじゃないか」とおっしゃったそうです。そうだと思いました。

派手な銃撃シーンや王蟲《オーム》が暴れるところは怖がらないのに、「火の七日間」の説明シーンで、巨神兵が歩いているところで火がついたように泣いて続きを見ようとしない。かと思えば、翌朝「巨神兵のところから見たい」と言い出す。『ラピュタ』でもロボットが最初に登場するシーンにこだわったり、『千と千尋』でも冒頭のトンネルを歩いて抜けるシーンにこだわったり。

明らかに「得体《えたい》の知れないもの」に興味を示すんですね。あるいは「得体の知れないもの」が登場する作品ばかり好む。最初は「子どもにはわかりやすいものを見せよう」と思っていましたが、いまは「子ども向けかどうか」を考えなくなりました。昨日も宮崎駿のコミック『シュナの旅』（徳間書店、一九八三年）――『ナウシカ』の原形になったという漫画ですね――を読み聞かせたばかりですが、「もう一回、もう一回」状態です。

東　僕も、子どもに理解できるものだけを見せようという気はありません。うちはケーブルテレビに加入していて、ハードディスクレコーダーに幼児番組や知育番組を大量にストックしています。だから娘はそういう番組も見るのですが、他方で、普通に僕が見ている番組を横で見ているという感じです。マニアックな深夜アニメの録画も平気で見ている（笑）。

ただ、彼女もジブリはほぼ全部見ていますが、宮台さんの娘さんとは反応がちがうようです。じつはうちの娘は、ものごとに「パパとママと赤ちゃん」という組み合わせ、つまり大中小のトリオを発見するのが大好きなんですね。

宮台　スピルバーグみたいですね。

東　大きなものと、中くらいのものと、小さいものが三つあるという状況がすごく好きなんです。それが彼女の世界把握の基本になっていて、その構図をいろいろなところに見つけ出しては遊んでいる。たとえばいま机の上にコーヒー用のミルク入れがある。彼女がこれを見たら、コーヒーの赤ちゃんと言うでしょう。

宮台　「女の子」ですね。

東　ジブリの映画に対する関心でも、そういう興味が突出しているんです。とにかく「赤ちゃん」が好きなんですね。たとえば『ラピュタ』で、主人公が天空の島のラピュタに辿《たど》り着いて古代のロボットや小鳥が出てくる場面があります。そうすると、小鳥はロボットの赤ちゃんなの、と尋ねたりする。逆に「パパとママと赤ちゃん」の構図が壊れるとたいへん不安になるらしい。ディズニーアニメでもなんでも、物語が駆動するためにはいちど主人公が危機に陥ることが必要で、だから子どもとママが離れればなれになることが多いのですが、そうなるともうたいへんです。

宮台　いつ頃からそういうふうになったか憶えていますか。

東　言葉を話し始めたときにはそうなっていました。どうも他のうちの子にはあまりない傾向のようですが。

宮台　ということは、ぬいぐるみとかおもちゃを見てもそうなりますよね。

東　パンダのぬいぐるみも三つ買い与えています。「たれぱんだ」が三つもあるのです。パパとママと赤ちゃんが揃わないと納得しない。彼女の場合、自分の家がパパとママと赤ちゃんでできているので、それと同じ構図を拡張して世界を理解するという順序なんでしょうね。

●超越性への感性

宮台　「得体の知れないもの」との関連ですが、妻がクリスチャンなので、長女を一歳半から教会に連れていって、子どもの前でお祈りをしてきました。すると、「神」概念など教えてもいないのに、歩いていてお地蔵さんやお稲荷《いなり》さんがあると「おいのり～」と言って手を合わせる。森を散歩していて樹木が祭壇みたいになっていると「おいのり～」と言って手を合わせる。たぶん「得体の知れないもの」の総体として、「神」が観念されているんです。

東　どうも宮台さんの娘さんは「垂直的な想像力」が強いようですね。奥さんがクリスチャンであることだけでなく、宮台さんのお仕事の性質とか、いろいろな要素が関係しているのでしょう。

宮台　多くの子どもがそうなんじゃないかと思っていたけど、個人的な問題かな。

東　宮台さんご自身、おそらく、お子さんが「垂直的な想像力」を見せたときに強い反応を返されているのではないか。それで強化されているのかもしれない。うちの娘なんて、お地蔵さんを見てもおそらく「この赤ちゃん、ママとはぐれちゃったのかな」です。

そもそもうちは、妻もよく言うのですが、僕が父親としてあまり機能していないようなんです。娘の僕への接し方が、父というよりも、歳の離れた兄弟みたいな感じなんですね。

たとえば娘が僕に「もう仮面ライダーはだめ、バーッ」とか、親子の会話もそんな感じです。僕がテレビでニュースを見ていると、「パパがテレビ見てるから、わたしはご飯食べなーい」とか言い出して寝室に行ってしまう。他方で僕は、「お前が食べても食べなくても関係なくオレはニュース見るぜ」といった感じで、早くも対等な喧嘩《けんか》になってしまっている（笑）。そんな関係が成立しているので、どうも父自体が「垂直的」ではない。自慢できる話ではないのですが、おそらくここが宮台さんのご家庭と大きくちがうところでしょう。

●生まれか育ちか

宮台　そう。先日もわざわざ静岡まで天野天街《てんがい》演出『平太郎化物日記』という人形劇を見にいったら、ものすごく怖い芝居なのに、怖がりながら興奮していましたよ。それにも関連しますが、僕は子どもを、もっと習得的な存在だと思っていました。「本能が壊れているがゆえの生得性欠如を習得性が埋め合わせる」と習ってきましたからね（ネオテニー説[*2]）。最近はちがうんじゃないかと感じますね。

長女が言葉を憶える過程を見ると、当初は完全な丸憶え。ヴィトゲンシュタインの言語ゲーム論における「意味＝使用説[*3]」そのままです。ある状況でその言葉を使うと「開けゴマ」みたいに状況が変わる。最初はトンチンカンなのが、次第に「状況と欲求の組み合わせに合致した使用のコツ」をつかんでいく。だんだん間違いがスクリーニングされ、気がつくと普通にしゃべっている。

僕たちが外国語を学ぶときにはありえない力が発揮されています。どうやって音をキャッチするのかも不明だし、キャッチしたものをどう記憶するのかも不明だし、「同じ状況」で反復して使用する際の「同じ」という認識がどこに由来するのかも不明です。最初は出鱈目《でたらめ》放題ですが、出鱈目をしゃべる勇気の由来も不明です（笑）。

先ほど「得体の知れないもの」の話をしましたが、単に「お化け」という具体的な観念だけではなく、言葉にするのが難しい概念も早い時期からつかんでいます。たとえば、だれも教えないのに「死」の概念を学習しています。たとえて言うと、学習する以前にダムが決壊する寸前のような「生来の蓄積」があると感じるんですよ。ユングが「集合的無意識」[*4]の概念を思いつくのも宜《むべ》なるかな（笑）。

東　そうですね。

生まれか育ちか、nature or nurture というのは厄介な問題で、ご存じのように、かつては「生まれ」派が優勢だったけれど、二〇世紀の後半は左翼系・ポストモダニズム系による「育ち」派が優勢になり、しかし最近ではまたスティーブン・ピンカー[*5]ら「生まれ」派も復活してきているという状況です。そこには純粋に科学的な問題だけではなく、政治的なスタンスも入ってきたりしてじつに微妙なのですが、しかし、そこでの態度決定をすべて吹き飛ばして言えば、僕が子育てに関わり素直に驚いたのは、生まれた瞬間にじつにさまざまなことが決定されている、少なくとも親としてはそう感じざるをえないということです。

たとえば子どもが社交的か非社交的かとか、明らかに生得的としか言いようのない部分がある。男女の差もある。それは決して能力の高低ということではなく、むしろ人格の総合的な方向性みたいなものなのですが、その差異を全否定するのは不可能です。人間の能力のじつに多くが最初にプリセットされている。だから子どもを育てるとは、結局は子どもがいかに勝手に育っていくか、自由にその能力を開花させるか、その環境を整えることに尽きる。それはルソー以来の近代教育学の基本だと思うのですが、なるほどどこういうことだったかと意味を体感しました。

うちの娘も、育ちの影響では説明がつかないような、生得的な特徴を持っているように思えます。そもそも娘は、僕たち夫婦のどちらよりもはるかに社交的で明るい。保育園に行っても毎日すごく楽しそうで、世界中のひとが好き、嫌いなひとなんてだれもいないと言っている。ひるがえって、こんなに毎日がハッピーだった時代が僕の人生にあっただろうかと考えると、どうもない（笑）。娘はもう四歳で、だから僕はいまの彼女ぐらいの頃を記憶していますが、どう考えてもこんなふうではなかった。妻に聞いてもやはりちがうという。

だとすれば、うちの娘は生まれつき社交的なのだろうと。そして幸福を感じやすいのだろうと。それは育児の影響を超えたところで脳内の結線によって決まっているような気がする。こういう話をすると人文系のひとは嫌がるでしょうが、少なくとも親としてはそう感覚する。

僕は子どもがひとりなのでこれ以上は言えませんが、何人かお子さんをお持ちのかたも同じようなことを言いますね。

宮台　そう。長女と次女の間には、生まれた瞬間から明らかに差異があります。他方、一卵性双生児同士はなぜか性格が対照的になるとも言われます。僕が中高時代に友達だった一卵性双生児は、一方が読書好きでしたが、片方は体育会系でバスケット選手でした。枝わかれの秘密はどこにあるのかなと思います。

●子は親に似る?

宮台　ところで、東さんのお話をうかがって思ったのは、お子さんは「小さいときの東さん」ではなくて、やはり「いまの東さん」に似たのではないかということです。

東　なるほど。

宮台　長女もそうなんです。僕は小さい頃おとなしく、成長するにつれて凶暴になったんですが、長女は既に凶暴です。公園に行くと年長、年少にかかわらずすべての子どもに命令しまくり、命令を聞かないとキレます。キレると周囲はもはや手を付けられなくなり、僕が携帯電話で呼び出されます（笑）。幼少期の僕とは似ていないのですが、長じてからの僕に似ています。

『WB』（VOL.017.09.夏）表紙　撮影・篠山紀信

どうも、親の成長した姿に見出される「なにか」を学ぶんじゃないかと思います。こんなことはだれも言っていないので、印象論的な仮説です。でも、公園にいる親と子の関係を見ても、成長した大人としての親の姿から見えてくるボンヤリした半影が、子どもに影響していると思えてなりません。だから、東さんが幼少期に社交的でなかったとしても、成長した東さんの持っているオーラに娘さんが反応するんじゃないかな。

『WB（早稲田文学フリーペーパー）』（VOL.017.09.夏）の表紙になった篠山紀信さんの写真も、ぴたっとハマっているでしょ。東さんの漂わせている感じと娘さんの雰囲気とのマッチングがすごい。あそこまで決まっている写真はなかなかありません。まさに「一卵性父娘」ですよ。

東　ありがとうございます。

じつは僕もあの写真はいいと思うんです。自分がたまたまモデルなので言いにくいのですが、篠山さんの写真のなかでもいいほうに入るのではないか（笑）。

そもそもこれ、本当は『早稲田文学』3号の特集用で、父である僕中心の撮影のはずだったのに、撮られてみれば娘が中心になっている。父が幽霊のようにぼやけた存在になってしまい、その精気がすべて娘のほうに移動し実際に光もあたっている。早くも世代交代という感じです。通常の仲良し親子写真とはちょっとちがう、なんというか批評性のようなものが入っている。じつのところは偶然の構図にすぎないのですが、よくできた写真だと思います。

●メディアを介した影響

東　いま娘は社交的と言いましたが、逆に言えば、彼女はどうも本を読んだり、勉強したりすることに関心が向きそうにない。

宮台　幸せになれればいいんだから、そんなことはいいんですよ。

東　むろんそう思っています（笑）。

ただやはり気になるのは、自分とのちがいですね。僕は子どもの頃から、とにかく字を覚えて本を読むのが好きでした。人間嫌いでひとりが大好きだったのです。ところがうちの娘は、ファミレスに行ってもひっきりなしにだれかに話しかけている。一歩間違えればイタい子です。宮台さんがおっしゃったように、それもまた僕のひとつの側面の反映ということかもしれませんが、うちの娘は、言葉を習得する前からとにかく人間に興味がある子でした。

宮台　もしかしたら、お父さんがメディアで話す姿を見ているからじゃないかな。うちの子どもがそうなんですよ。テレビから父親がしゃべるのを見る経験が、案外重要かもしれません。

東　どうでしょうか。僕が秋葉原無差別殺傷事件のときニュースでしゃべっているのを見ても、娘はまったく興味を示さなかった。

宮台　うちの娘も全然興味を示さなかったけれど、僕の仮説ではたぶん重要です。というのは、一ヶ月ぐらいして「テレビ出てたね」って言ったりするからです。

東　そうですか？　たとえば最近は家庭用ビデオカメラが普及していますね。うちはプレイステーション3に取り込んでいますが、そうすると、テレビを見たりDVDを見たりするのとほとんど変わらない操作で家庭用ビデオカメラが再生される。つまり、テレビのニュースでも昨日カメラで撮った映像でもほとんど同じものとして表示される。子どもにとっては区別がつかないのではないでしょうか。

宮台　しかし、お母さんが「パパだよ」とか言っているんじゃないかな。

東　かつては、モニタの画面に友人や自分が映ることは、それそのものがかなりめずらしい経験だったわけです。画面の中の世界は、日常とは絶対的に離れていた。しかし、いまは家庭用ビデオカメラが普及し、だれでも画面の中に入ることができる。テレビひいてはマスメディアという存在について、かなり抽象度の高い情報が与えられなければ、テレビ出演の意味はわからないのではないか。

宮台　逆に言えば、あたりまえのことだからこそ、映っているものがファミリアーな（慣れ親しんだ）存在になればちがってくるんじゃないかな。長女が特に教え込まなくても挨拶できるようになるのも、僕が番組に出て挨拶するのを見ているからじゃないかな。

東　それはテレビの画面に限られますか。

宮台　ラジオでも同じだと思います。いつも僕が出るラジオを妻と聴いてますから。

東　メディアを介して親の姿を見るのと、目の前で親が「こんにちは」と言うのでは機能がちがうと。

宮台　テレビの子ども向けの番組に、他の出演者と同じ審級《クラス》において東さんが出ていたら、やはりどう考えても不思議に思うでしょ。他の子のお父さんたちは出ないんだから。そこにはなにがしかの影響があるんじゃないかと思います。

東　なるほど。

●上書きされる記憶

宮台　もうひとつ興味深いことがあります。自分のうちの子どもを見てもよその子どもを見ても、異性の親に注意が向いているのは間違いないと感じます。ディスカバリーチャンネル[*6]の子育て特集を見たら、男親の声と、女親の声では、子どもの反応がまったくちがうんですよ。

東　その番組は僕も見ました。

宮台　番組では、声の周波数が関係しているというのが結論でしたでしょ。それだけが原因かどうかはともかく、リアクションがちがうのは事実です。すると、一人親の場合はどうなるのかに興味がわきますね。

　長女の場合も次女の場合も、生後一週間で明白に反応がちがいました。長女のとき、生後一週間で僕に対していい顔ばかり見せるというので、妻が悔《くや》しがって泣きました。次女のときも同じでしたが、さすがに妻も二度目は泣かずに「楽だから任せるよ」と（笑）。ともに生後一週間でしたから、やはりプログラムされていることになります。

　父親の場合、声のトーンがちがうとか、手が大きいからだとか、体が大きいからだとか、いろいろ仮説がありえます。真相はわかりません。

東　僕の場合はどうだったかな……。あまり差異はなかった、というよりむしろ母親への反応のほうが強かったような気がします。

　ただ、全体的に記憶が曖昧《あいまい》ですね。宮台さんは最近下の娘さんが生まれたので、その関連で上の娘さんの記憶があらためて戻ってきているのかもしれない。ところが僕の場合、どんどん新しい経験が生じるので、過去の記憶が上書きされているようで思い出せないことが多いのです。

先ほど言った通り、子どもは「変化する時間」を生きています。どんどん姿が変わる。そのため大人とはちがって、二、三年前のことでもなかなか思い出せません。僕はむかしから心理学や精神分析に興味があったので、子どもができたら、何歳でしゃべるのか、どのように心が発達していくのか、いろいろ観察しようと思っていました。しかし実際に娘が生まれたら、まったくなにもできない。記憶できない。ではなぜ記憶できないのかというと、ひとつにはすべての変化が漸進《ぜんしん》的だから、そしてもうひとつはとにかく子どもはどんどん成長していくので、日々イメージが上書きされていくからです。つまり僕はいま四歳の娘を目の前にしているので、二歳半の娘を思い出そうとしても難しいのですね。

子どもが何歳からしゃべったか、何歳におむつがとれたかと人に尋ねても、みなけっこう記憶が曖昧です。あんなに苦労して子どもを育てているのになぜかなあと、むかしから疑問だったのですが、いまは理由がわかります。

●「なんてこったい」

宮台　お聞きしたいのですが、娘さんは結婚のこととかは、もう話されていますか？

東　結婚⁉

宮台　でも、「パパ、ママ、赤ちゃん」の三幅対《さんぷくつい》なんでしょ。

東　自分がだれかと結婚したいとか、そういうことですか。いや、まったく話していませんね。宮台さんの娘さんはもう関心があるんですか。

宮台　そうなんですよ。

東　子どもの性格のちがいがはっきりしてきましたね。

宮台　結婚という概念をどれだけ理解できているかはわかりませんが。

東　先ほどから聞いていると、超越性については別にして、宮台さんの娘さんは評論家の大森望《のぞみ》さん*7の娘さんに似ている印象があります。

大森さんの娘さんも、仕切り屋さんで女性的な感覚が強いんです。彼女はいま五歳なんですが、やはり幼いときから男性に強い関心を抱いていました。うちの娘と一歳ちがいでよく遊ばせてもらっているので、むかしは娘も成長したらああなるのかと思っていたらまったくちがう。大森さんの娘さんは五歳にして「女子」という感じですが、うちの娘は本当にコドモコドモしている。

宮台　長女は二歳になった頃から、自分の服や靴だけでなく、親の服や靴についても「かわいくない」とケチをつけます。散歩すれば必ず花を摘《つ》みますし、女性性はかなり強い。凶暴なのにね（笑）。でもそれって、アニメから学ぶ面も大きいんじゃないかな。『ナウシカ』を見てから、虫が大好きになっていますしね。

東　影響はありますよね。

ただうちの娘の場合、どちらかというと女子ではなく母親になりたい感じですかね。赤ちゃんがほしいとはよく言ってます。街を歩いていても、ベビーカーを見かけるとわざわざ駆け寄っていって、「赤ちゃん、カワイーイ」とか言って戻ってくる。あくまでも「パパとママと赤ちゃん」なんですよ。

宮台　面白いね、個性って。うちの娘は『ラピュタ』に出てくるムスカにすごく関心があって……

東　ムスカ⁉

宮台　ムスカのマネをして「撃つぞ」とかやるんですよ（笑）。いろんなものをピストルに見立てて。

東　宮台さんがムスカみたいに見えているんじゃないですか（笑）。「見ろ、ひとがゴミのようだ」とか……。

宮台　僕が言いそうなセリフだと（笑）。ムスカのセリフだと、「なんてこったい」もマネしてました。

●男親なんかいらない？

宮台　子どもが生まれると、母子カプセルができて、父親は家の中で疎外されたような気持ちになるんじゃないかな、とフロイト的に思っていましたが、ちがいました。

東　なるほど。宮台さんと僕は驚くくらい対照的ですね。僕の場合は逆に、その疎外感は強くありました。

そもそも子どもができたときに感じたのは、男ができることはこんなに少ないのかという驚きです。夫婦で子育てと言うけれど、具体的に男親はなにができるのかという戸惑いは強かった。

宮台　最初は三〇分ごと、一時間ごとにおっぱいだから、男親はなにもできませんね。

東　結局わかったのは、父親にとっては母親をサポートすることが最大の協力だということです。子どもを育てるのはまずは母親で、その母親をサポートする人間として自分がいると割りきったほうが男親として効率がいい。むろん、男親ひとりでお子さんを立派に育てているかたもいるので、この発想そのものも甘えなのかもしれませんが……。しかしそれでさえ気がつくのに時間がかかりました。

話を戻すと、うちの場合はむしろ子どもと母親が密着していて、僕は第三者という感じです。

宮台　僕は特殊かもしれないけれど、小さいときから犬に好かれます。「このうちの犬は絶対にひとには慣れませんから」といっても僕にはなついてしまう。そんなことが何度もありました。だから僕は幼少期には犬が苦手だったんです。犬が必ず寄ってくるからね。いまでもそういう「犬オーラ」が出ているのかもしれません（笑）。

娘と公園で遊ぶとき、よそのうちの子どもを抱っこすることもありますが、泣かれたことはありません。「犬オーラ」が関係しているかもしれない。僕がナンパ系だったのも「犬オーラ」のせいかな。「犬オーラ」の下駄がはけているんでしょうね。

僕は、犬を犬として扱うとか、猫を猫扱いするとか、子どもを子ども扱いするとかが苦手で、犬を見ても「こんちは、ちょっと元気ないね」みたいに対等にコミュニケーションしてしまうんです。そのあたりが犬に読まれるんでしょう。子どもに対しても「仕事が忙しいのに」とか「でも本当は遊びたいな」とか思うと、子どもに読まれてしまう。そこが子どもから見てつけいりやすいんでしょうね。

東　新生児のときからお子さんとコミュニケーションがとれていたわけですね。

宮台　ディスカバリーチャンネルの番組によれば、父親の声、あるいは低い周波数の声を聞くと、赤ちゃんの表情と笑い声が、母親といるときの「安らぎモード」から、「好奇心モード」に入るらしいんですが、僕も「禁止的に介入する存在」というより、「どこかに連れ出してくれる存在」ですね。だから、母親との関係がスタックする（行き詰まる）と僕の出番になります。

東　すごいですね。

今日いろいろお話を聞いていると、むしろ宮台さんのご家庭は、父と母と子でちゃんとフロイト的な家族関係[*8]が形成されている感じがします。だからこそ父は超越性としてふるまうことができる。

他方うちはそうなっていない。フロイト的三角形が壊れている。うちの娘は僕のことを歳の離れた兄弟ぐらいにしか考えていないし、僕と妻が話していると妻ではなく僕に対して嫉妬《しっと》する。つまりうちの場合は、母を父と娘で取り合っている構図になる。自分で話していて情けなくなってきましたが（笑）。

宮台　うちの娘は、明らかに母親と僕を取り合っています。僕が母親としゃべっていると、母親に「黙れ」と怒鳴ります。

東　うちの場合はまず僕に対して「黙れ」ですね。それで僕がキレたりする。いまママとは重要な話をしているんだから、くやしかったら話についてこい、みたいな返事をしたりする。

宮台　面白い。一〇年後にどうなっているかという追跡調査が必要ですね（笑）。

東　それはぜひしてもらいたいなあ。しかし衝撃的な話だった。妻と娘で僕を取り合うなどという光景は、我が家では一瞬たりとも見たことがない。本当にいろいろちがいますね。

●子どもを介したネットワーク

宮台　知識としては知っていましたが、子どもができて驚いたのは、新住民が本当に子どもがきっかけで旧住民ネットワークに入れることです。僕の住む世田谷区東部はマンションが林立中で、一見すると新住民だらけですが、政治家が駅前でどんなに政策を訴えてもダメ。地域紛争の解決の実績を積んではじめて政策を聞いてもらえる「旧住民エリア」として政治の世界では知られています。

旧住民ネットワークの層が分厚いことは、祭りの盛り上がり具合に現れます。僕も子どもを連れてお神輿《みこし》をかついだりして祭りに参加したのをきっかけに、ネットワークに入りました。

いまの場所には結婚前から住んでいましたが、旧住民のひとたちが、僕がむかしどんな女とつきあっていたかお見通しだったことも教えてくれましたし、二〇歳下の妻が僕と結婚するときも「若いのにだまされちゃって可哀相に」と思ったと教えてくれました。妊娠した妻と手をつないで毎日散歩しているのを見て「もしかすると、やさしい男なのかな」と思ったということも教えてくれました（笑）。

いま、自宅を改装中で、近くのマンションに仮住まいですが、マンションに住むことと一戸建てに住むことのちがいもわかりました。ちがいは旧住民ネットワークへの入りやすさです。いままで住処《すみか》を探すときは、部屋の広さや便利さを重視して、一戸建てだとゴミ出し当番とかあって面倒くさいな、と思っていました。

ところが、ゴミ出し当番でも、旅行などで都合の悪いときには順番を代わってもらうとか貸し借りの関係ができると、それが絆《きずな》のよすがになります。僕は「絆コスト」と呼びますが、そうしたことも子どもができて意識できるようになりました。

東　僕はマンション住まいですが、似たことは感じます。「成長する時間」の問題と関係しますが、大人の場合は結局、いくら引っ越しを繰り返したとしても、それぞれ「かつて住んだ場所」のひとつにすぎない。いまある場所に根を下ろしていたとしても、潜在的にはいつでも動ける。唯一の場所にならない。ところがうちの娘にとっては、いまたまたま住んでいる「この場所」が原風景になってしまう。

だから娘が生まれたときはじめて、土地の問題を真剣に考えるようになりました。それが『東京から考える』（北田暁大との共著、NHKブックス、二〇〇七年）の出発点になっています。

宮台　いつ引っ越されたのですか？

東　娘が生まれて一年半ほど経ったときです。杉並区から、同じ東京都内の大田区に引っ越しました。道が広いとか、近くに公園があるとか、空が広く見えるとか、そういうことを重視しました。

子どもにとっては根無し草という概念はありえません。いくら短い期間でも、ある場所にいればそこに根をはやしてしまうし、それは一生の中で特別な経験を構成する。親にとっては流動性だと感覚されているものが、子どもにとっては流動性ではない。この「世界観のギャップ」は重要だと思いました。いまの社会では、すべての決定で流動性が前提となっているというか、流動性の確保こそが正解＝リスクヘッジだと見なされる傾向がある。しかし子どもの存在はその前提に真っ向《まっこう》から挑戦してくる。

宮台さんの話に繋げると、子どもがいると住民ネットワークに入りたくないとは言えなくなるということですね。だってそこに入らないと、子どもにとって唯一の経験の機会が失われてしまうわけですから。そちらのほうがコストが高い。

宮台　僕も感じます。子どもにとっての「ホームベース」（本拠地）ということだと思います。増築するか引っ越しするかが課題になったとき、娘がいつも行っている公園が三つあって、それぞれの人間関係の中でいつも遊んでいるので、それが続けられなくなるというのはあまりにも不憫《ふびん》じゃないかと妻と話し合いました。それで「ホームベース」を維持するために、引っ越しはありえないという結論になりました。

●「お受験」で失うもの

東　同感です。

娘はいま保育園ですが、あと二、三年もすると小学校の選択という大きな問題に直面します。そこで周囲を見回してみると、うちの近所の場合、マンションの隣人も保育園の友だちも多くは近くの公立小学校に行くらしい。

そしてここで重要なのは、小学校の質云々《うんぬん》以前に、まずはうちの娘にとってその人間関係自体が大きな財産だということです。私立への進学を選択することは、その多くを捨てることを意味する。それは彼女にとって大きなコストです。ではそれだけのベネフィットはあるのか。大人の、というか僕のような都市住民の観点からは、人間関係も流動的なものに見えてしまう。けれども子どもにとっては、それはすべてかけがえがない一回限りの経験です。したがって変化や移動のコストがきわめて高い。世界に対するモードがまったくちがっている。

宮台　一戸建てとマンションのちがいに関係しますが、東さんのマンションの住み方はとても良いと思います。住民相互の連携がないマンションに住むと、公立校に入れようというインセンティブ（誘因）がずいぶん減ります。うちはまた一戸建てに戻りますが、近隣住民ネットワークがあれば、それを捨ててまでも私立校に行くメリットはあるのかを真剣に考えざるをえなくなります。

うちの子はまだ幼稚園で、就学前ですけれども、児童公園なんかをベースにして、既に地元の人間関係、子どもたちの人間関係というのがあります。それをベースにしたお母さん同士の人間関係もあって、仲良し同士で同じ幼稚園に行っている。娘が行っているのは、平田オリザが卒園した地元の幼稚園で、平田オリザが評議委員をやっている。ここはなにも教えない幼稚園なんですよ。

パンフレットみたいなものには、「就学前のあいさつができないからあいさつを教えるとか、何々ができないから何々を教えるということは一切しません。そういうことはどのみちできるようになります。当園でやろうとしているのは、子どもたち同士が一緒に遊ぶということを単に支援することだけです」と書いてある。すばらしい方針です。方針がすばらしいこともあるけれど、子どもが児童公園でつちかった人間関係を活《い》かしたいと思いました。

でも、子どもが小学校に入るときにお受験すれば、幼稚園まで続いた地元の人間関係が、やはり崩れてしまいます。僕はまだお受験させるともさせないとも決めていないけれど、たとえお受験する場合にも、地元の人間関係が切れるというコストの大きさを、ちゃんと意識しておくべきです。これでみんなばらばらになっちゃうのはすごい残念だよね、ということです。

僕も麻布（中学校）に行ったわけだし、私立を受験するのもいいけれど、麻布に行ったことによって僕は地元の人間関係を失いました。でもそのぶん、学校で新たにつくる人間関係がすごく重要になりました。麻布はもともと、ある種のホモソーシャリティ（男性同士の緊密な結びつき）の巣窟《そうくつ》みたいな学校なので、僕はそれで満たされていたという気がします。

だから、僕にとって、どっちがいいとか悪いとかは先験的には言えません。ただ、いちばん問題なのは、親がそういうことについてのセンスを欠落させていることです。子どもたちのリソース（資源）として人間関係を考えるという発想がないんです。

東　それは親にとってでも言えますね。子どもを介してこそ近所づきあいが深まる、というのはよく言われることです。大都市で近所づきあいが希薄な最大の原因は、言ってしまえば、みな子どもをつくらないからでしょう。子どもをつくれば、宮台さんや僕のような人間ですら近所づきあいをせざるをえなくなる（笑）。

宮台　公立校に行ったらなおのこと。ニワトリとタマゴの関係ですが、「私立校ブーム」と「近隣住民ネットワークの希薄化」との間には密接な関係があるでしょう。

東　子どもをどこの学校に通わせるべきかは一概に答えが出ません。僕だっていろいろ考えたすえに結局は娘に受験させるかもしれない。それに小学校と中学校ではまた状況がちがう。僕自身も中学で受験しているし、娘には中学受験をさせる可能性が高い。

しかし、いずれにせよそこで持っておきたいのは、それが子どもの人生を豊かにするのかどうか、という視座です。ピアノを習わせないよりピアノを習わせたほうがいいに決まっている、というのはあまりに単純な思考で、実際には、ピアノを習わせれば、そのぶんその時間に育《はぐく》めたはずのさまざまな可能性、人間関係でもなんでもいいですが、経済用語でいう「機会費用」を失うことになる。いかなる選択肢も他の選択肢の犠牲の上で成立しているわけで、そこは慎重に考えたいと思います。

あと重要なのは多様性です。たまたまいま住んでいるのは、土地の高低差が激しく、そのせいか比較的所得が高い住民とそうでもない住民が入り組んで住んでいる地域です。大田区全体がそういう傾向があるのですが、だから公立の小学校にも、お金持ちの子もいれば、町工場の一家やパートのシングルマザーの子もいるようです。そして彼らがみな同じ保育園に行き、同じ小学校に通う。

そうなると、近所づきあいも決してゲイテッドコミュニティ化しない。逆に成人が普通に社会生活を送っていれば出会わないであろう人々が、むしろ子どもを介して触れ合うことになる。しかも、いまや出産年齢もまちまちなので、お母さん同士も一〇歳以上、ときに二〇歳も離れていることがある。いまの育児には、硬直化した階級間格差とか世代間格差をシャッフルする機能もあると思いました。

宮台　それは重要ですね。

●ファスト風土再考

宮台　いまの若い人たち、とりわけ男子の大きな問題は、自分は将来結婚できないんじゃないかと思っていること。もしその通りになれば、子どもを通じてつくられる人間関係や、そうした人間関係から得られる体験とは、無縁なまま一生を送ることになります。単に子どもに関わる体験が得られるかどうかだけでなく、より広い社会関係へと開かれることができるかどうかという問題です。

東　同感です。僕も子どもができたことで、都市の見方が大きく変わりました。それまで便利だと思っていたJR中央線沿線が、逆に不便に感じられるようになった。

杉並区の西荻窪《にしおぎくぼ》に住んでいたときは、駐車場も自宅から離れたところにあったし、そもそも道が狭く車を使っての移動が難しいので、移動手段は自《おの》ずから電車中心になる。新宿まで一〇分強なので、夫婦で生活しているときは便利でした。ところがベビーカーで電車に乗って新宿に買い物に行くかというと、かなり難しい。そもそも新宿がベビーカーで歩けるような町ではない。

これはバリアフリーやユニバーサルアクセスの問題に通じると思います。町や風景の見え方は、身体的な能力や自由度に応じて変わる。その点で幼い子どもを抱えることは、要介護の高齢者と同居するとか、自分自身が肉体的なハンディキャップを負うことにかなり近い。そのような経験はとても貴重です。たとえば六本木ヒルズと東京ミッドタウン。いっけん都心再開発の似たようなビルに見えるわけですが、子どもを連れていきわかったのは、じつは六本木ヒルズのほうが子連れ家族にやさしいということです。僕はよく買い物に行くのですが、そういう差異はベビーカーを持って出かけなかったら気がつかなかったかもしれない。

かつて三浦展《あつし》さんがショッピングモールに覆《おお》われた風景を「ファスト風土化」[*10]と批判しました。似た問題意識を持つかたは多いですが、僕はその見方はあまりに一方的だと思う。実際、若い子連れの夫婦があまりお金をかけずに一日遊べて、買い物もできるという意味では、ショッピングモールほど便利で快適な場所はない。

むろん、ショッピングモールといっても、地方のジャスコと都心の六本木ヒルズ、ららぽーとのような少し高級な郊外型モール、あるいは高速道路沿いのアウトレットモールとではまったく客層は異なる。しかしその上で、ショッピングモールは一般に、現代の市民にとって新しい公共空間、生活のインフラとして機能している側面がある。それを、大規模商業施設が暴力的に入り込み、住民が資本主義に躍《おど》らされて安価な商品を求め、そのせいで地方文化が破壊されたというストーリーで語るのはあまりに一面的すぎると思います。

宮台　そこには子どもの人数が関係します。妻の母親は子どもを四人産み、千葉の田舎で育てました。うちは子どもふたりですが、世田谷区では子どもふたりだけでも一杯いっぱい。四人いたとしたらどうやって空間を移動するのか想像もつきません。

かつて子どもが多かったのは、それを可能にする人間関係や、空間や、アーキテクチャ（仕組み）があったからだと思います。僕のように下北沢《しもきたざわ》近辺で都市生活を送るひとが、子ども四人とか五人というのはちょっと考えられません。

東　都心では、近所の公園に行くといっても、まず車の通らないルートを探すのに一苦労です。それでは公園に行きたくても行けない。他方でショッピングモールのいい点は、単純に車が入ってこないところです。

宮台　一部のファミレスも駐車場からエレベーターで入店できて便利ですね。

東　僕は、地方の特色ある商店街を再生するときには、そういった「ショッピングモール的利点」を積極的に取り入れるべきだと思うんですね。きちんと駐車場を確保し、商店街から完全に車をシャットアウトすれば、子連れ夫婦も障害者も老人も安心して買い物ができる。たしかにその過程で建築やデザインの画一化が起こるのかもしれないけれど、ユニバーサルなサービスってそういうものではないか。でも「文化人的な言説」の重力に取り込まれると、どうも「この使いにくさが良い」みたいな話になりがちなんです。「狭い階段を昇って辿りつける隠れ家的な雰囲気がいい」とか（笑）。しかし子どもがいたら狭い階段は昇れない。視点の複眼化が必要です。

宮台　本当に同感です。独身時代に使っていた近所の行きつけの店は、ファミレスと比べればどうしても使い勝手が悪いですね。でも、そういう店にも子連れに配慮してくれるところがあって、僕たちのような者の目には断然光を放ちます。

●父として東京から考える

東　まさにそうです。そういう点では、逆に地方の商店街のほうが子どもや高齢者の扱いになれていて良いかもしれない。

僕がいた西荻窪という町は、小さいながら文化人の評価がとても高い町です。それはいいのですが、実際にはその「いいお店」の多くが、子連れ夫婦というだけではっきり「お断り」だったりするのです。むろん、そのポリシーはポリシーでかまいません。ただ、そういう人々が文化的な選良意識を持ち、町を運営しているのは、あまり愉快ではありませんでした。

バリアフリーとかユニバーサルデザインというのは、弱者への配慮云々という高尚な言説以前に、公共性や普遍性を実質的に確保するための最低限で具体的な倫理のことだと思うのです。幼児や高齢者をシャットアウトしたところに、公共性はない。それなのに、隠れ家的な飲み屋でタバコを片手に、ちびちび日本酒を飲みながら左翼的なことをしゃべるのがリベラルだという思考は、もはやスタイルの好みを超えて、倫理的に問題を抱えているのではないか。最後にはそんなことまで思いました。

宮台　渋谷にセルリアンタワー東急ホテルがありますが、ロビー階の「かるめら」というレストランは、うちの凶暴な娘でもまったく問題ありません。子どもに綿菓子を出してくれたり、お話ししてくれたり、いつもケアしてもらっています。一〇〇倍くらいポイントが上がりました。独身時代にはそういう店だとは知りませんでしたよ。

うちの近所に篠山紀信さんやアラーキー（荒木経惟《のぶよし》）とも一緒に行ったことがある

「海路ドマーニ」という地中海料理の店がありますが、ここも子どもが暴れても大丈夫。娘が手がつけられなくなって困っていると、優しいお兄さんやお姉さんが出てきて相手をしてくれます。ドマーニは「隠れ家」的なところですから身内のパーティにも使えます。

東　おお、それは現実的な情報です（笑）。うちもさっそく出かけることにします。

そういえば僕は最近、家族で出かけるときは、都心ではなく横浜に行くことが多くなっています。大田区からだと、首都高速に入れば二、三〇分なんです。しかも横浜は観光地ですから、休日は子連れがたくさんいる。だから有名店でも安心して入れる。子どもができてわかりましたが、東京はそういうところは厳しい町ですね。少し変わるべきだと思います。

宮台　僕も「台場一丁目商店街的なるもの」についてネガティブに書いたこともありましたが、子どもができて、利用価値があることに気がつきました（笑）。バリアフリーだし、狭いエリアに、ゲーセンもあれば、お土産物屋もあれば、台場小香港（小さな中華街）もある。じつにありがたい場所です。少し歩けばビーナスフォートもあるし、パレットタウンの観覧車もあります。

東　横浜はよくできた町ですね。みなとみらい地区のクイーンズスクエアのような大きなショッピングモールから伊勢佐木町《いせざきちょう》のような古い商店街、さらには中華街や野毛山動物園までがぎりぎり徒歩圏に収まっている。幼い子どもを連れていても、古い町から新しい町へ、そしてショッピングモールへとスムーズに移動できる。東京の規模ではそれができない。すべての移動がＪＲや地下鉄になってしまう。あまりに根本的な問題でどう改善したらいいのかわかりませんが。

宮台　下北沢も独身時代はいい町だと思いましたが、幼児連れで入れる店が少なく、駅もバリアフリーじゃない。だからこそベビーカーで入れるオープンカフェに価値があり、みんな考えることは同じらしく、似た境遇の親子だらけになります（笑）。

東　よくわかります。

『東京から考える』でも話しましたが、僕は一〇代のころに東急田園都市線沿線の青《あお》葉台《ばだい》※10に住んでいました。原武史《たけし》さんの『滝山コミューン一九七四』（講談社、二〇〇七年）でも居心地の悪い場所として描かれていますが、僕もまた実際に住んで違和を感じていました。実際、高校生にはじつに面白くない町だったのです。

しかしいまやそう簡単にも言えない。そもそも東急線はじつにバリアフリーが完璧なのです。駅前商店街も、高校生が喜ぶ映画館も古本屋もないけれど、そのかわりに高級食材店やカフェはえらく充実している。東急線沿線が子育て世代に人気があるのは当然なのです。

いずれにせよ、重要なのは視点の複眼化ですね。バリアフリーじゃないから下北沢はダメというのも貧しい見方ですが、高校生にとってつまらないから青葉台を否定するのもじつに貧しい。親にとっていい町が子どもにとってもいい町とは限らない。先ほどの時間性と似た話でもありますが、そんな「ギャップ」を日々実感しています。そして、それが家族をつくるということだと思うのです。

＊1 **ピアジェの発達構造化仮説** スイスの児童心理学者ジャン・ピアジェ（一八九六―一九八〇）は、思考（知能）の発達過程を四段階にわけ、それぞれの段階に固有の質的構造を明らかにするとともに、各段階の全体構造は、先行の構造を従属させ統合することで生じるとした。

＊2 **ネオテニー説** 「ネオテニー」は、発育過程の遅れによって、性的に成熟した個体でありながら、非生殖器官に、幼生や幼体の性質が残る現象のこと。オランダの解剖学者ボルク（一八六六―一九三〇）は、ヒトは性的に成熟したサルであるという「人類ネオテニー説」を提唱した。人類ネオテニー説に

したがえば、人間は成長が遅いため、脳の特殊化の程度も低く、そのぶん環境に応じた学習機会が増加することになる。

＊3　**意味＝使用説**　ヴィトゲンシュタイン（一八八九―一九五一）は、その後期哲学において、言語の意味とは、言語を実際に使用するさまざまなコンテクスト（＝言語ゲーム）から切り離すことはできないとした。『哲学探究　ウィトゲンシュタイン全集第八巻』（藤本隆志訳、大修館書店、一九七六年）を参照。

＊4　**「集合的無意識」の概念**　ユング（一八七五―一九六一）は、人間の無意識の深層に、同じ民族や人類共通に伝えられる無意識の領域があるとして「集合的無意識」の概念を提唱した。

＊5　**スティーブン・ピンカー**（一九五四―　）アメリカの実験心理学者。すべての人間は、文法の基本原理を生得的に備えているとする言語本能説を、最新の発達心理学の見地から提唱している。『言語を生みだす本能（上下）』（椋田直子訳、NHKブックス、一九九五年）、『人間の本性を考える（上中下）』（山下篤子訳、NHKブックス、二〇〇四年）などを参照。

＊6　**ディスカバリーチャンネル**　世界一八〇カ国、三八言語で配信されている世界最大のドキュメンタリー専門チャンネル。日本国内では、ケーブルテレビやスカパー！などで視聴可能。

＊7　**大森望**（一九六一―　）評論家・翻訳家。学生の頃よりSF小説の翻訳や評論を手がけ、出版社勤務を経てフリーに。評論家・豊崎由美との共著『文学賞メッタ斬り！』シリーズ（PARCO出版）が話題に。

＊8　**フロイト的家族関係**　子どもと母親との原初的な関係が、父親の介入によって分断され、母親が父の

ものであったと知った子どもは、母親を手に入れ、父親と戦うために、父親と自分を同一化したいと願うようになる。ギリシア悲劇のひとつ『オイディプス』（エディプス王）になぞらえて、フロイト（一八五六―一九三九）が提唱した、エディプス的三角形（父―母―子）による自我形成論。

＊9 **ファスト風土化**　全国一律のファストフード・ショップやショッピングセンターに占拠され、固有の地域性が消滅した地方都市の様相を指す。マーケティング・アナリスト三浦展（一九五八―　）の命名。三浦展『ファスト風土化する日本』（洋泉社新書y、二〇〇四年）を参照。

＊10 **青葉台**　神奈川県横浜市青葉区の一地区。東急田園都市線・青葉台駅を中心とし、高級スーパーやショッピングモール、グッズショップなどが立ち並ぶ。その住環境から、ハイクラスな生活を望むファミリーなどに人気の街となっている。

第2章

子育てを支える環境

——社会を考える

●ロスジェネ系議論の問題点

宮台真司　ベネッセコーポレーションの調査によると、二〇〇〇年期に入ると「子どものためには、自分が犠牲になるのはしかたない」という母親の割合が一貫して増えています。それ以前、一九九七年に平成不況が深刻化するあたりから、専業主婦志向の割合も増えます。仕事をしていても「子育てを優先する」という母親が一貫して増え、首都圏では二〇〇八年調査で四割近くです。二〇〇〇年期に入る直前は二割程度だったから倍増しているわけです。不況が深刻化して仕事が得にくくなったという要因もあるでしょうが、それだけかな。東さんはどう思われますか。

東浩紀　それは、育児についての考えの変化というより、むしろ「専業主婦願望」の問題ではないでしょうか。つまり、専業主婦＝勝ち組というイメージの問題なのではないか。どちらかというとロスジェネ論壇[*1]の議論と繋がりそうです。

民主党の「子ども手当」について、赤木智弘《ともひろ》さん[*2]が二〇〇九年の総選挙前に、J－CASTで、「若者世代応援と言われているが、実際には子どものいる若者だけを応援する政策なので支持できない」という主旨の彼らしいことを言っていました。彼のこの発言に示されているように、二〇〇〇年代に入ると、子育て専業主婦こそが勝ち組で、独身で働いている女性はむしろ負け組という価値観の逆転が起こる。酒井順子の『負け犬の遠吠え』(講談社)が二〇〇三年ですね。ですからそのデータもまた、現実に育児への関心の変化というよりも、むしろ女性たちの自己イメージの変化を反映したものだと思います。

現実に育児に専念する覚悟があるのか、仕事を犠牲にする覚悟があるのかといえば、そこまで考えていないのかもしれません。

宮台 そうかもしれませんが、いくつか解釈がありえます。僕は年来「仕事での自己実現」幻想を批判してきましたが、幻想が不況でつぶれ、「足元の幸せ」を見直すようになった可能性もあります。

イギリスをのぞくEUの平均年間労働時間が一四〇〇時間台で、アメリカでさえ一九〇〇時間台だというのに、日本がサービス残業を入れると二一〇〇時間以上に及び、なおかつ日本の自殺率はイギリスの三倍でアメリカの二倍。幸福度調査でも七五位から九〇位を低迷する状態。「仕事での自己実現」がお笑い草になった面があります。

赤木さんに反論すると、僕がよく言うように、「大きな国家」ないし「大きな政府」

が立ち行かなくなったら、「小さな国家」ないし「小さな政府」で行くかわりに「大きな社会」をつくり出す他ありません。「大きな社会＝包摂的で相互扶助的な社会」ということです。

前章で新住民・旧住民問題に関して触れたけど、絆には「絆コスト」がかかり、ひとは「絆コスト」を払ってはじめて相互扶助のネットワークにぶら下がれる。子どもがなく、結婚もしないということは、「絆コスト」を払っていないだけでなく、相互扶助ネットワークから外れているので、老後を税金でケアしてもらうことを意味します。

東　その手の議論を深めるためには、僕は本当は別の語り口を編み出したほうがよいと思います。子育て世代を応援するために子ども手当が必要と言うと、必ず「おれたち独身者はどうなるんだ」という意見がイデオロギー的に出てくる。

だからむしろ、社会全体を維持するのにどれだけの費用がかかり、そのとき、たとえば子どもをひとりつくった場合にはこれくらいの負担に換算でき、ふたりいる場合はこれくらいで、だからそのぶん独身者から子育て世代に資本を移転しないと対等にならないのだ、という数字で語ったほうがいいのではないか。

宮台　数字がなくても原理は単純です。第一に、社会がうまく回ることの恩恵をだれもが被《こうむ》っています。社会がうまく回るためには、国家がお金を使って教育や子育て支援をすることが不可欠です。社会がうまく回ることで恩恵を被る以上、そうした社会を助ける国家の事業に支払って当然です。

これとは別に、さっき申し上げた第二の論点があります。つまり、他のひとたちが産んだ子どもたちが支える「大きな社会」にぶら下がれず、将来、国家に直接ぶら下がるしかないのなら、そのぶん子どもがいるひとよりも税金を使うのだから、子どもを産み育てない者が年老いる前に応分の負担をしてあたりまえ。

●専業主婦願望の背景

宮台　専業主婦志向については、先ほどいくつか解釈があると言いましたが、東さんがおっしゃる「ロスジェネ的」な勝ち組・負け組のイメージとは別の面もあると思います。「仕事での自己実現」に希望を持てなくなったという要因を言いましたが、それと関係して、イメージというよりもサブスタンシャル（実質的）なものが評価されるようになってきているように感じます。

妻の「ママ友だち」を見ていると、世田谷区東部ということもありますが、むかしだったら仕事を続けたはずの総合職女性が、仕事をやめて子育てに専念するケースが目立ちます。彼女たちは自分が子育てのために犠牲になったとは言わない。産休をとって子育てしてみると仕事よりも面白い。だから仕事に復帰しない。

見《み》田《た》宗《むね》介《すけ》氏*3が言うには、女たちが保守化したのではなく、仕事も子育ても両方選べるようになった段階で、あらためて比べた上で子育てを選ぶようになった以上、子育てしか選べなかった状況とは意味がちがうのだ、と。かつては、ずっと子育てしか選べなかったので、一九八五年に成立した男女雇用機会均等法を機に、「やっと男並みにバリバリやれるぞ」と仕事が付加価値化されたんですね。

そうした上げ底イメージがなくなったら、先に東さんがおっしゃったように「仕事の時間も充実しているが、子育ての時間も充実していて、あえて比較した場合にどちらが楽しいかといったら、子どもと関わっているほうが、どんなにたいへんでも楽しい」というひとが増えて当たり前です（笑）。

東　議論を呼びそうな論点ですが、個人的には同意します。

そもそも育児か仕事か、というのはあまりに単純な二項対立です。現実に目を向ければ、仕事でも人生は充実するが、育児でも充実するし、そもそもどんな人生でもなにかしら充実は達成できる、それが真実という他ない。それはむろん、あるタイミングで子どもをつくるために夢を諦《あきら》めなければならなかったとか、そういうことはあるのでしょうけど、そんなことを言ったら別に子育てに限らず世の中そういう障害で満ちているわけです。

結局、問題は、それぞれが選んだ、あるいはたまたま選ばされてしまった人生に応じて、どれだけそれぞれの能力を社会に還元することができるかということです。勝ち組・負け組の議論はいかにも貧しい。

●高学歴と幸福

宮台　子どもができて、いわゆる塾産業からの講演の依頼が多くなったのですが、相変わらずお受験に血道をあげるお母さんやお父さんがまだたくさんいて、講演するときに、「そういうひとにあまり否定的なことを言わないように」と、よく釘をさされるんですよ。

東　それはそうでしょうね（笑）。

宮台　僕がいつも言っていることですが、大学で――特に偏差値の高い大学で――長い間教えていると、昨今では、偏差値の高い大学に入るということの意味が、以前とはまったくちがって感じられます。東大で教えていても、そこにいる学生が勝ち組とは到底思えません。

東　（笑）

宮台　なぜなら、とても幸せになれそうにない学生が山のようにいるから。森川嘉一郎《かいちろう》[*4]氏の言うように、実際「自分はダメ」という意識を持つ高偏差値大の学生が山のようにいる。「子どもの幸せ」をトータルに考えると、さまざまなことを犠牲にして、高偏差値大に入るやつって「どうよ」っていう問題がありますね。

これは、「有名校に入れることが子どもの幸せに繋がる」と考える親の下で育つということが「どうよ」という問題でもある。ところが、たとえば部活を犠牲にして勉強するだけで、いろんなハンディキャップを負うんです。つまり、受験勉強には機会費用がかかる。

語弊がある言い方だけれど、むかしから主張していたことだからあえて言いますが

（笑）、「幸せになる」という観点から言うと、多少勉強ができるよりも、異性にモテたほうが、男にとっても女にとっても、絶対に「幸せへの近道」だと思います。

東　それはそうですよ。

宮台　アメリカだったら、あたりまえに「お前、ちゃんとプロムナイト行けよ」と言えますが、いまの日本ではそういうコミュニケーションがないでしょ。でも、それはちゃんと言ったほうがいい。偏差値の高い大学の生協食堂に行って、一人ひとりの顔をながめて、「こいつらが幸せになれるどうか」を考えてみてほしいと思うわけです。

東　それは良い提案ですね。本当にそう思いますよ。

宮台　「子どもができたから勝ち組」とかじゃなくて、子どもがいようがいまいが、あらかじめ「負け組的なあさましさ」に満ちているひとたちがたくさんいるわけです。子どもができれば自動的に気づくというわけではなく、本当に物事が見えない親がたくさんいるんですよ。僕に言わせれば「お受験で成功すれば勝ち組」と思っている時点で、育ちの悪い負け組です。

東さんも含めていろんな親を見ていて思うのは、子どものことを本当に考えているひとたちは、「どういう学校に行かせるか」ではなく、「どうすれば子どもが幸せになれるか」を考えるんです。

東　そもそも学歴や資格は、どこに行っても通用するけれど、そのぶん薄っぺらな数字でしかない。裏返せばそれらの数字は、本来の固有の才能が華開《はな》かなかったときのためのリスクヘッジの道具でしかない。ほとんどのひとがそれを誤解している。

人生というのは、それぞれの人間の固有のものなので、定式化できないところに豊かさがある。それがなかった場合、仕方がないから呼び出すものとして学歴や資格がある。そう考えるべきです。学歴は、なにかを達成するためのステップではなくて、なにかを達成できなかったときに、しかたなくしがみつく緊急避難先としてあるべきなんですよ。

自分自身、なぜ自分が東大に行ったのかと言えば、それは高校生の頃に明確な目的を持っていなかったからということに尽きる。もし当時、ちゃんと固有の目的を持って、これが自分の人生でこういうふうに人間関係を築くんだと覚悟が決まり、親を説得する能力もあったならば、別に東大なんか行かなくてもよかったはずです。でもその能力は僕にはなかった。だから東大に行った。学部でもそれがなかった。だから大学院に行った。東大博士号はいまでも役立っているけれども、自分にとって本当に大事なものはそんな学歴のエスカレーターとは別のところにあるので、一〇代の頃に戻ってちゃんと決断できたらぜんぜん別の人生を歩むと思う。

これは自戒も込めて思いますが、最近の世の中ではリスクヘッジが重視されすぎている。要は不安ベースの社会ということですが、学歴の問題に限らずあらゆる問題に関して同じことが言える。リスクヘッジのための選択が第一に来ていることが、いろいろな歪《ゆが》みの原因だと思います。

●同質性の中の果てしなき見栄競争

宮台　自分でひっくり返すのもなんですが、「学歴があれば大丈夫」というのは口実にすぎず、本当は親同士の見栄の張り合いじゃないかという気もします。

東　そういう側面もあるのでしょうね。ただ、親同士の見栄の張り合いに関して言うと、僕自身は幸せなことにあまり体験していません。いま住んでいる地域では、先ほども言ったように、ベンツに乗る親とチャリに乗る親が一緒の保育園に通っている。しかし親同士の見栄の張り合いは起きていない。

宮台　同質性が低いからそうなるわけですよ。

東　そういうことだと思います。

逆に、三鷹《みたか》市に一戸建てを持っている知り合いに聞いた話では、そこの幼稚園では見栄の張り合いがかなり強いらしい。送り迎えの服装にも気を遣《つか》うとか。親の所得階層が近いからでしょうね。

宮台　所得階層が近くて、新住民だからでしょう。それはむかし、ニュータウンの取材をしたときに思ったことです。同質性の高いひとたちが、人間的絆を持てない場合、必ず同一性と差異性の観察に、過剰に血道をあげるようになります。「賃貸の子と遊んではいけない」とか、分譲価格帯による階層差に対する過剰な自意識です。

こうしたあさましい観念が、子どものときからどんどん刷り込まれてしまう危険が広がっているんですよ。僕は社会学者だから、そういう愚かな親を責めるよりも、そういう愚かな親を生む空間がどういう性質を持つのかを観察・分析して、どんなソーシャルデザインがいいのかを考えるわけですが。

東　そこは難しいですよね。

僕はむかしからなんとなく、平らな土地より高低差のある土地のほうが住みやすいのではないかと思ってきました。その理由が言語化できなかったのですが、最近、なるほどと。考えてみれば、地形が複雑ということは、面積が広くても日当たりが悪かったり、駅から近くても上り坂で通うのがきつかったり、それぞれの土地の条件が複雑なわけです。崖下の大きい家と崖上の狭い家のどちらが偉いのかは微妙ですからね。

宮台 それは微妙だね（笑）。

東 そういうのがとても重要だと思うんです。

じつは西荻窪からの引っ越しを考えたとき、湾岸のタワーマンションの三〇階ぐらいの部屋を借りようと思ったことがあって、内見にも行きました。それで知ったのですが、じつは大きなマンションだと、2ちゃんねるではマンションごとにスレッドが立っているのです。まずその事実に驚いたわけですけど、そこでさらにびっくりしたのは、そのスレを覗くと、上位階の住民と下位階の住民や区分所有者と賃貸入居者の対立があらわになっていて、何階以上のやつはクズだとか、どこどこに芸能人が住んでいるらしいとか、じつにたいへんなことになっている。さらには、そのマンション全体をディスっている近所の団地のスレッドまであって、これはちょっと耐え難いのでそのマンションを借りるのはやめました。

マンションというのはひとつの大きな箱です。基本的に同じ箱に入れられているので、差がつきようがない。結局は差異を出すとしたら、階数とか何ＬＤＫとかの単純な数字に集約されてしまう。そしてそこで対立が起こる。住人はみなちがう生活をしているはずなのに、基準がすごく単純になってしまう。むろん、マンションによってちがうと思うので一概には言えませんが。

僕自身はいまは戸数の少ないマンションに住んでいます。だから想像するしかないのですが、宮台さんが先ほどおっしゃっていた一戸建ての魅力はそういうことにも関係しているのかなと。一戸建ての場合、あの家とこの家のどっちが良いのかは、小さくても手がかかっているかもしれないし、ちょっと見ただけではわからない。差異の基準が複雑なわけです。それが重要なのではないか。

宮台　いまのお話を聞くと、わざと人々を怒らせる言い方をさせていただきますが、「不幸な親たちのあさましいゲーム」というか、「不幸な人間たちの下々《しもじも》のゲーム」というか、そういうものから、子どもたちをいかに守るのかが重要だと強く思います。

不幸な親に囲い込まれないためにも、公園でも児童館でもどこでも、子どもたちのネットワークがちゃんとできているところに――ジャン・コクトーじゃありませんが「子どもの領分」が確固として存在するところに――子どもを置きたいと思いますし、そういう場を整えてあげることの重要性もあらためて認識します。

東　そうですね。とにかくは、住民が多様であり、比較の基準が複数あるような場所に住むことが重要だと思います。何階だから偉いというような一元的な基準に集約されてしまう場所は、できるだけ避けたほうがいい。

●共通前提の不在

宮台　僕は自分の書き物で、共通前提というキーワードをずっと使ってきました。たとえば女子高生言葉の分析もそうです。女子高生言葉は長い間、首都圏でだけ生産されてきました。それはなぜかというと、首都圏には共通前提がないからです。共通前提がないのでジャーゴンをつくってかりそめの共通前提とする、という定番の営みだったと思います。

逆に、京都や大阪など複数の一〇〇万都市が集まっている関西は、首都圏とちがって、「どこどこに生まれ育った」としゃべるとネタが割れてしまう。どういうやつかがわかってしまうんです。実際、僕は京都で生まれ育ちましたが、小学校のときは、同じ関西弁といっても、地域によって語尾に差があるから、おたがい正体がすぐわかっちゃう。「やめてーな」「やめてんか」「やめよし」みたいな。

地域性があるので、地元商店の子なのか、山の手の子なのかということだけでも、十分に共通前提になりました。ふたつの意味でですね。第一に、地元商店の子には地元商店の子の、つまりシマごとの共通前提がある。第二に、この地域には、商店の子と、農家の子と、社宅の子がいて、それぞれこんな雰囲気だね、といったマッピングについての共通前提がある。

特に第二の、シマのマッピングが大切でした。地域社会の中で、親が商店をやっている、お百姓さんをやっている、あるいは山の手出身だということがなにを意味するのかということもわかっていたから、新住民の子どもである僕も、ガキ大将たちともつきあいやすかったんです。

うちのおふくろの機転ですが、家にたまたま高いおもちゃがあったので、「ガキ大将たちを呼んで遊ばせてあげなさい」と言うわけです。そうすると、ひとり親家庭の子たちとかヤクザの子たちとかが大勢集まって、高いおもちゃで遊んだことがないから、本当に一生懸命遊んでいく。その恩返しで、僕は尊重してもらえたわけですよ。

学級委員選挙だというと、そいつらがクラス全体に圧力をかけるので、一票も欠けることなく、僕と、僕が好意を寄せる子に、満票が入って、選挙やり直しになることもありました。当時関西にはその程度には強い共通前提がありました。ところが小学校六年生の九月に三鷹市立第六小学校に転入すると、そこは「均質的な空間」そのもの。一九七〇年です。

東　当時の三鷹市はどういうところでしたか。

宮台　新日鉄の大きな団地が近くにあったりとか、産業住宅協会の団地があったりとか、いまから振り返ると「古くからの新住民」が多かったせいで、先進自治体でしたよ。温水プールが五〇円で入れるとかね。

ところで、転校して変だなと思ったのは、ちょっとしたトラブルがあると、すぐに先生が呼ばれることです。京都で僕は小学校を三つ変わっていますけれど、どの小学校にも通用する普遍の共通前提がありました。首絞めとか、目つぶしとかがない限り、先生は呼ばれません。女の子も告げ口をしないで「やめなさいよ」と言いながら見物している。

それが、三鷹の第六小学校に来たら、ちょっと取っ組み合いが始まると、女の子たちがすぐさま告げ口するから、先生がすぐに飛んでくる。担任じゃない先生までやってくるわけです。しかも、みんなすぐ泣くしね。こうした「ヘタレ感」が僕はけっこう衝撃でした。

そんな雰囲気からようやく解放されたのは、麻布に入ったときです。一九七一年です。学園闘争がまだ残存していましたが、当時の闘争はアングラ文化と繋がっていたでしょう。フリージャズや、前衛演劇や、前衛映画や、前衛ＳＦとかです。学園祭になるとそうしたものがオンパレードになるわけですね。

山下洋輔《ようすけ》トリオなんかを聴きにジャズ喫茶に行ったり、若松孝二の作品を見にピンク映画館に行ったりもしてました。それで、アングラ的なものって、京都で見た見世物的なものと繋がっているところがあるなと感じました。僕はそれで「救われた」わけだけど、逆に言うと、三鷹第六小学校の半年間は、なんとも所在ない感じでした。

●三鷹から青葉台へ

東　宮台さんは、三鷹市に何歳ぐらいまでいらしたんですか。

宮台　小学校六年生の秋から中二までいました。中三から、今度は神奈川県大和《やまと》市の南林間《みなみりんかん》に引っ越しました。たまたま父の実家があったからで、そこに家を建てたというだけなんだけど。

東　僕も同じ三鷹市に住んでいたことがあるので、二年間ぐらいはかぶっている計算です。ただ、僕は宮台さんが中学校一年生のときに生まれています。しかも僕がいたのは三鷹市でも中原《なかはら》という南端なので、宮台さんがいらした下連雀《しもれんじゃく》とは微妙に雰囲気がちがうようです。

ところで僕自身は、そのあと一〇歳まで三鷹に住んで青葉台に引っ越すことになります。青葉台と南林間もまた同じエリアですが、宮台さんは南林間の印象はあまりないということですね。

宮台　いや、南林間は、中三から後はずっと住んでいました。

東　とはいえ、地域コミュニティには関わらなかった。

宮台　僕にとっては関係なかったですね。ただ、南林間は地域性があって、祖父が古くから住んでいたので、床屋に行っても「そういえばキミのおじいさんは、ぼくのおじいさんと戦前から知り合いで」みたいに話しかけられる。そうした地域社会性が僕にとってはウザかったので、「神奈川ってのは本当に嫌だな」と思ったことは覚えています。
それまでがどこでも団地暮らしで、途中で旧住民ネットワークがある地域に入ったので、なじめなかったのでしょうね。ただ、南林間の地域性について僕なりに感じたのは、ユニットが小さくて、アカ抜けないということです。たとえば新住民の処遇についての定型的なフォーマットがない。とにかく全体として僕の肌には合わなかったです。

東　僕にとっては、青葉台よりも三鷹市のほうがはるかに豊かな場所として記憶されています。以前そのことを宮台さんに話したら驚かれたことがありましたが、それはすごく象徴的なことです。一九五九年生まれの宮台さんにとっては、京都に比べて三鷹はじつにフラットな土地だった。ところがその三鷹ですら一九七一年生まれの僕には豊かだった。実際、僕の自宅の向かいは電気機器の小さな町工場で、すぐ近くには牧場まであった。ところが青葉台となると何もない。
三鷹市から青葉台に引っ越したのは一九八二年です。そのとき驚くほど均質な空間に来たという印象を持ちました。というのも、正確な数字は忘れましたが、クラスの半数以上が塾に通っていて、そのうちかなりの人間は、たまプラーザ[*5]の同じ日能研に通っている。明らかにおかしいんです。

なぜそういう現象が起きるのかというと、やはり先ほどと同じ話です。あるときいっせいに同じ価格帯の家が建っているわけですから、年収の構成とか家族構成の似た人々が続々と結集してくる。しかも同じ東急線沿線だから、行きたい学校とか、行ける塾とかもだいたい決まってくる。結果そういう状況が生まれる。その貧しさは子どもも心にも明らかでした。

牧場の息子が「牧場臭い」と言われていじめられていた三鷹市のほうが、はるかに豊かだった。

宮台 たしかにそうですね。僕は三鷹にいた頃、東大の三鷹寮に遊びにいったりとか、東京天文台（現在の国立天文台）にまで遊びにいきました。その頃は三鷹寮にしろ、天文台にしろ、敷地の周りに柵《さく》や塀《へい》がなかったので、森の中を歩いていくといつの間にか天文台の敷地に入ってしまっていたわけです。

東 あそこは鬱蒼《うっそう》としていました。

宮台 そうです。僕はあの辺で、ひとりでチャリに乗ってたらカラスの群に追いかけられ、自転車を捨てて無我夢中で森の中を走っていたら、突然目の前に大きな望遠鏡のドームが現れました。それがはじめての東京天文台体験でした。当時はそういう場所がいっぱいあった。まだ空間にいろいろ隙間《すきま》がありました。

●隙間コミュニケーションの重要性

東　三鷹市では、僕と幼なじみの間で、たがいの家を往復する塀を伝う隠れルートを開発していました。しかしそういう余地が青葉台には一切なかった。「隙間」が完全にゼロなんです。空き地はあってもフェンスなどで囲われていて、造成予定の敷地にすぎない。

　僕はその光景がとても気持ち悪かった。神戸市須磨《すま》区で例の少年殺人事件[*6]が起きたあと、たまたまうちの親が神戸に旅行して、須磨区に行ったらしいんです。「青葉台とそっくりだったよ」と感想を述べていたのですが、そういうことなんだろうとあらためて思いましたね。

宮台　僕もあの事件の直後に北須磨ニュータウンに取材に行ったことがありました。地域住民たちが言っていたことが興味深かった。もともと古く開発された団地が多いところですが、比較的新しいエリアでは、分譲なのか賃貸なのかで差別が生じ、分譲でも価格帯で差別が生じている。
　それに隙間がないんです。むかしだったら、階段の踊り場で遊んだり、屋上で遊んだりしたんだけど、そういうことができないようにロックアウトされ、唯一残った隙間がタンク山だった。だから、タンク山で遊んでいたのは酒鬼薔薇聖斗《さかきばらせいと》だけじゃなかった。タンク山こそが「隙間で遊ぶ」というイメージになっていた。そんな話を住民たちから聞きました。
　それで、タンク山に出かけると、隙間感に圧倒されるわけです。僕はどうしても隙間志向が強いので、隙間で子どもたちがこっそり秘密基地をつくったりして遊ぶ経験から生まれる「共同性を構築する力」ってバカにできないなと強く思う。もちろんそこで犯罪に巻き込まれたりするのは良くないことだけれど。

東　まったく同意見です。
　しかしいまの社会状況だと、そういう空間は犯罪者が溜《た》まる高リスク空間として捉えられ、そういう空間で遊ばせる親が悪いとか、そういう空間を放置する地域社会が悪いということになりそうですね。

宮台　「隙間で生じる犯罪の質が変化してきたこと」を理解するのも重要ですが、「隙間が失われたことによって、子どもたちから一定の能力が失われること」についても話題にしないといけません。失われた部分をどう手当てするのか。個別に親が擬似的な隙間コミュニケーションなるものを展開する必要があるのか。

しかし、そういう話題が共有されるまでに至っていません。僕は娘との散歩に際して、秘密の場所をいくつかつくりました。こっそり入れるマンションの屋上とか、非常階段とか、駐車場とかね。娘とコンビニで肉まんなどを買って、そこでこっそり座って食べるわけです。やっぱりうるさいらしくて、一部は鍵がかかって締め出されました。

僕は自覚的に隙間コミュニケーションを教えようと思っています。「この場所はママに教えないでおこうね」とか「こっそり食べようね」とか、できるだけ秘密の共有をやるようにしています。でも、見たところ、周りにはなかなかそういう親はいない。だから、隙間が失われることの問題の共有にはほど遠い状態だと思いますね。

東　隙間そのものは子どもが犯罪に巻き込まれる場所でもある。けがもするし、性犯罪もたいていそういうところで起きる。

だからこれは難しいところで、たとえばむかしの団地は、それこそ部外者でも簡単に入れたし、屋上にも上がれた。階段の踊り場には住民の目が届かない死角があった。ひとことで言えばセキュリティがゆるかった。いまはそういう空間はない。その変化は確実に犯罪の減少に寄与しているはずです。だから、隙間がなくなったことが一概に悪いとも言えない。

しかし、それが子どもにとって遊びにくいこともたしかなんです。実際に青葉台は子どもの僕にとっては不愉快な空間でした。しかし親には同じ空間が安全な空間に見える。このギャップが本質だという感じがします。親になるというのは、そのギャップに自覚的になるということです。

そもそも一般に、単純で均質な都市空間は、他方バリアフリーであったりするわけです。それがやっかいなところです。歩道が広く、階段もなく、すべてのところに簡単にアプローチできてということを追求すると、だいたいデザインも一元化していく。

宮台 そうですね。ただ、うちの妻に聞くと、ベビーカーを上に上げられないで階段のところで困っていると、助けてくれるのはいつも白人さんだという。物理的なバリアだけではなく、日常的にそういう手助けや頼れる存在がないということ、つまり相互扶助がないことも、一種のバリアでしょう。いつも自分だけでやらなきゃいけないと思うのは変です。

東　それはむろんです。とはいえ、ライフスタイルが多様化しているいま、相互扶助だけに頼るわけにはいかない。セキュリティ化、バリアフリー化、ショッピングモール化は前提とせざるをえない。

●血縁を超えるネットワーク

東　二〇〇九年の夏に公開された『サマーウォーズ』という映画（細田守監督）があります。大規模なサイバーテロが起こるのですが、長野の大家族が一致団結して世界を救うというファンタジーです。

　この作品は、いっけん家族の復権を訴えているように見え、実際にそういう文脈で読み解かれました。民主党議員もこぞって見にいったらしい。しかしじつはそこで描かれているのは、すごく想像的でノスタルジックな、もはや存在しない大家族にすぎません。表面的にはネットとかサイバースペースとかが登場し現代的に見えますが、本質的には懐古趣味の映画です。

　いま現実に考えるべきはむしろ小家族の価値ですね。

宮台　あの映画は、「オフラインでの濃密な絆をコアにして――あるいは記憶を含めた経験的なベースにして――はじめてオンラインでの濃密な絆も広げていける」という、僕としては納得的な、しかし多くの若いひとにとっては挑発的なメッセージを含んでいますね。面白い映画ではあったけれど、東さんの印象に同感で、説得的だったかどうかは疑問ですね。

大阪万博の時代に『時間ですよ』[*7]という大家族ドラマが大人気でした。天地真理《あまち》もそこで人気が爆発した。むかしから社会学者が指摘するように、ああした血縁的な大家族は日本に存在したことはない。「ひとつ屋根の下」に大勢いたとしても、実際には従業員だったり、丁稚奉公《でっちぼうこう》だったり、要するに血が必ずしも繋がっていないひとたちでした。

ここに、社会的記憶についての、郊外化＝核家族化を背景にした、虚構というかウソがあるわけですよ。柳田國男の言うように、日本では琉球を除けば血縁主義の文化が皆無であるぶん、一緒にいるだけで家族みたいになれるので、養子縁組の制度ができあがったわけです。もちろん、敗戦後の企業が終身雇用制で擬似共同体になったのも、同じ背景があります。

僕は以前から「典型家族から変形家族へ」というスローガンを謳《うた》っています。「大きな社会」をつくり出すべく家族的な相互扶助を重視する場合、かつての家族と同等の役割を果たせば、見かけはどうあってもOKだと「機能的に」考えるのか、特定の家族イメージに「実存的に」こだわるのかで、話がちがってきます。

柳田的な教養を踏まえると、店の一同が家族になったり、企業が家族になったりするほどで、特定の家族イメージなどにさして意味がない日本の伝統においては、「典型家族」ならざる「変形家族」を機能的に構成することこそが適しています。あとは、マスターベーション的に特定のイメージにこだわる安倍晋三的な「ウヨ豚」を取り除けばいいだけ。

無教養な「ウヨ豚」を廃して「真性保守」の伝統に棹《さお》さすなら、親しい者たちの家族が近隣に住み合うようにして相互扶助すればいいのです。たとえば、子育てのときに相互扶助ネットワークとして近隣の親族を頼れるかどうかが、従来の核家族にとっては重要でした。

ところが子どもを育て始めて思うのは、僕の兄弟や妻の兄弟が近くにいれば「大家族的」になるのにな、ということと同時に、東浩紀さん家族や大森望さん家族なんかが相談して近くに住み合えば「大家族的」になれるんじゃないかということです。孫の時代になったらそうしようかなどと親しい友達家族と話しています。もちろん、そうなるには、地域で回る自立的経済圏の樹立による職住近接化が必要ですが。

東　僕は子どもができてオートキャンプに行くようになりました。車もそのために大きくしたくらいです。

それで知ったのですが、どうもオートキャンプはヤンキー文化に近いのですね。たしかに休日の河原に出かけたりすると、春日部《かすかべ》あたりのナンバーの大型車がばんばん乗りつけ、仲間で集《つど》ってみなでバーベキューしたりしている。そういう姿を見ると、仲間集団の相互扶助は生きているところではいまでも生きているのだなあ、と感心します。血縁を超えた相互扶助が実現している。ああいうネットワークが持てるようになれば、育児はかなり楽になる。

しかし同時に思うのは、彼らヤンキーの間に相互扶助が発達しているのは、みな地元に職を持っていて、同じくらいの歳に子どもをつくったからなのだろう、ということです。ひるがえって考えてみるに、僕の場合はそういう条件がそもそもない。

いま育児の相互扶助をおこなう上で大きな障害は、そもそも子どもをつくる年齢がみなばらばらになっていることではないでしょうか。たとえ子どもの年齢が近くても、親の社会的地位や経済力は離れている、あるいはその逆というケースが多くなっている。さらに加えて、宮台さんはいまみなで相談して近くに住み合えばいいとおっしゃいましたが、東京については町の大きさも障害です。たとえば宮台さんと僕は、同じ東京といってもずいぶん地理的に隔たっている。

　地理的な距離と世代的な距離、このふたつが東京では相互扶助の障害になっているのかもしれません。

宮台　オランダとかドイツの都市みたいに、東京でも山手通り以内は自動車侵入禁止にして、自転車で移動するようになればいい。世田谷区に住む僕と大田区に住む東さんでは距離にしてだいたい五キロ。五キロなんて沖縄や北海道じゃ隣ですよ。自転車ですぐに移動できます。東京だと、五キロがはるか彼方《かなた》に思えるわけです。

　町のつくりを都市工学的に設計し直すことが決定的だと思います。都心では日中、自動車に乗っても平均一六キロでしか移動できません。ヘタしたら自転車のほうが速いわけです。人々が東京を自転車で移動するようになるだけで、ドア・トゥ・ドア（目的地から目的地）じゃなくなって、寄り道があたりまえになるから、ご近所関係が広がると思います。

●高速道路無料化の是非

東　二〇〇九年夏に民主党が政権を取りました。それで高速道路が無料化することになっていますね。

東名などは対象外でしょうし、実際には無料にはならないと思いますが、全体的に下がることにはなっている。それ自体は良いことでしょうが、日常的に車に乗っていて思うのは、休日どこかに出かけようとすると、渋滞というバリアが本当に大きいことです。夜移動すれば一時間ですむところを昼間移動すると三時間、四時間かかる。高速道路無料化は休日の日帰り旅行を促進することになっているけれど、それで渋滞が悪化するのであれば本当にプラスになるのかな、とは思います。

子育てについても同じことが言える。東京は都内ですら外出に時間がかかりすぎです。相互扶助のネットワークを広げるといっても、「近く」のひとに行きつくのに何十分もかかるようではしかたがない。

宮台　人口分散を進めればいい。地方に住むことが多くのひとたちにとって考えられない選択になってしまったのは、人口が少ないので相互扶助のネットワークもなければ、人口が少ないという理由で学校や病院などの公的機関も撤退を余儀なくされる悪循環があるからです。これでは、「特殊な事情がない限りは都心に住め」というのと同じです。

高速道路無料化は、人口分散を進めることが本質的な目的です。特に北海道や沖縄の高速自動車道を見ればわかるように、地元のひとたちは滅多に使わないんです。金がかかるからあたりまえですよね。特に沖縄の道路は滅茶苦茶に混雑しているのに、沖縄自動車道にのると車がほとんど走っていなかったりする。この理不尽を回避するということです。

高速道路無料化論の言い出しっぺである山崎養世《やすよ》氏が言うことが誤解されやすいのは、都会の視点から見るからですよ。地方から見たら、いくら高速道路を建設しても、地元のひとたちが高速道路にのれない。だって、時給一〇〇〇円なのに一時間高速に乗ると二五〇〇円以上かかるからです。

東　なるほど。僕も地方は無料で良いと思います。それに大都市圏は無料化しないでしょう。ただ財源は大丈夫なんでしょうかね（この箇所は政権交代直前に収録されています）。

●託児室をめぐる悪循環

東　子どもをつくってあらためて気づいたこととして、結局、子どもは子ども同士で遊ぶのがいちばんいいという現実があります。だから逆に、近い歳の子を持つ夫婦が集まることができれば、いろいろな問題が解決する。たとえば仕事関係のパーティがあっても、うちだけが子連れで行くというのは難しい。ところが、もし子連れが他に二家族いれば、もう子どもたち三人で遊ぶので大丈夫なわけです。実際に大森さんのご家族とは、そのようにして何回かパーティや泊まりがけのイベントをご一緒しています。

　これは他の職業でも言えるはずです。子連れ家族の数がどこでも一定量を超えていれば、ずいぶん問題が解決する。子どもができると、コンサートや講演会に出かけるのが難しくなります。しかし、もし聴衆が三〇〇人集まる講演会で子連れが五組いたら、託児室みたいなものをつくることができる。

宮台　託児室の数はもっと増やしてほしいよね。

東　料金だって取れると思います。子連れの若い夫婦は、子どもができるようになって自由が奪われてストレスが溜まっているはずだから、そういうときは逆にお金を払いますよ。

では現状では、なぜそれを主催者が用意しないか。これは単純に悪循環で、子連れは託児室がないから来ない、来ないから主催者も用意しない。その結果、子どもを産んだら、美術館での鑑賞にしろ何にしろ全部諦めなければいけない社会になっている。少なくともそういう先入観は広まっている。潜在的なニーズはあるはずです。

小学校にあがる前の子どもはだれかれの区別なく遊びますし、小学校にあがってしまえば、今度は黙っていろと言えば黙るようになる。営利的な公演では難しいかもしれませんが、公的な講演会や美術展などでは託児室の設置を義務づけてもいいのではないか。そこに行くと、必ずだれかが子どもをあやしていて、子どもをあずけておけば一、二時間は夫婦で見て回れる。そういう場所が増えれば、子どもをつくっても生活の質はそれほど落ちない。民主党には、子ども手当のような現金給付だけではなくて、そうした対策を期待したいのですが。

宮台　なるほどね。

東　子育て支援というとまず、個別の金銭的支援が注目されますが、それだけでは豊かさは実現しない。

先ほども言ったように、なぜ家族連れが地方の商店街には行かず、ショッピングモールには行くのかというと、そこは子どもがいても安全で楽しいからです。実際にＩＫＥＡ港北《こうほく》には託児室がありますね。子どもがいても家族で行って楽しめるところをどれだけ用意するか、というのは社会全体にとって大事なことです。
ショッピングモールの機能は、そういう観点からもっと肯定的に捉えられていいと思います。

●職住近接を妨げるもの

宮台　それと微妙に関連することですが、職住近接問題について考えてみたいんです。多くのひとたちは、都心だと土地が高くて、あるいは賃貸料が高くて、狭いところにしか住めないから、郊外の、通勤一時間以上かかる場所に住むということが、あたりまえになっています。やはりそれはどうかと思うんです。

東　おっしゃる通りです。

宮台　いままで議論してきたように、そういう所はバリアフリー的なショッピングモールがたくさんあることは事実です。でも、都心には大きなメリットがある。僕らは都心の近くに住んでいますが、都心に住んでいて良いことは、やはり移動に時間がかからないことです。そしてそのメリットは、やはり仕事上の社交が犠牲にならないということです。

こうして東さんと一緒に会っても、家まで三〇分で帰れます。通勤一時間のひとに比べれば、仕事をして、会合に出席して、その上で家族と飯が食える。その意味で、「ひとり一部屋」の子ども部屋のために遠くに住むのは本末転倒。部屋数が少なく、子ども部屋を共有したとしても、都心に住んで家族と交わる機会を減らさないほうがずっと重要です。

これは、先ほど申し上げた人口分散の話とは矛盾するようですが、そうじゃない。都心だろうが地方だろうが職住近接が大切だということです。たとえばスローフード運動の発祥地イタリアの地方都市では、昼休みが一二時から一五時までで、仕事場から家に帰って家族とランチを食べる社会生活のスタイルこそが、スローライフを意味します。

多くのひとたちはスペースを過大視しているのではないかという気がします。僕たち家族はいま、建替のためにマンションに仮住まいしていますが、すごく狭いのですが、郊外の広いマンションに住むよりもずっと良いと感じます。僕だったら絶対に都心の狭いマンションに家族と住むのを選びます。そうやって家族とのコミュニケーションの時間をとります。

東　通勤に時間をかけるサラリーマンの生活が、現在どれほどスタンダードなのかはよくわかりません。

その上で一時期の典型的なイメージでいうと、郊外から都心への通勤は、生活を公私にわけるための必要な儀式でもあったわけですよね。一回家に帰ってしまったら完全に仕事をシャットアウトする。決して仕事を家庭に持ち込まない。逆に会社にいるときは家庭を顧《かえり》みない。同僚と飲むときは絶対に妻も子も連れていかない。それをリセットするために一時間以上の通勤時間がある。みなそういう時の区切り方をしていた。上野千鶴子さんの言う「家父長制」は、いわば長時間通勤という「儀式」に支えられていたんじゃないか。

宮台　それは良くないよね。

東　僕はまず、その考え方を変えないと職住近接も機能しないと思います。先ほど述べた「専業主婦願望」の話とも関係するのだけど、仕事か育児か、公か私か、ゼロサムのバランスで考えている限り、子どもをつくることはコストとリスクだけ高くてベネフィットが見えない愚かな選択とならざるをえない。

●まずは仕事と家庭を混ぜることから

宮台　僕の場合、近所に東京大学のレストランがあって、そこで大学関係者や出版社との打ち合わせをすることが多いんですが、妻と子どももよく一緒に来て、隣のテーブルで食べている。職住近接ということの意味はそこにもある。仕事と家庭は過剰にわけないほうがいいと思う。なんで、みんなそれをわけちゃうのかな。近ければ適度に混ざるんですよ。

東　そこにも悪循環があると思うんです。かつて「アグネス論争」[*8]がありましたが、仕事と育児が混ざることへのアレルギーがいつの間にかできあがっている。そしてそのアレルギーがあるので、現実にも混ざらない。そしてますますアレルギーが強化される。しかしそれは混ざったほうが効率が良い。というより、男は働いて仕事、女は家庭で育児という分担が効率が良かったのは、高度経済成長期においてのみで、いまやその条件は壊れている。家族形態も多様化しているし、情報ネットワークも飛躍的に発達している。公と私を通勤時間で分断することには、いまや無駄が多い。だから本来の姿に戻るべきです。そもそもいまだって、農家にしても商店主にしても、サラリーマン以外は仕事と育児が渾然一体《こんぜんいったい》となった生活を営んでいるわけですからね。

宮台　ヨーロッパでも意識的にふたつを混ぜるようにして、少子化対策としているわけでしょう。じつは五歳まで住んでいた家は、父が勤める工場の敷地内にあったんで、昼食時に父が帰ってきたんですよ。思い返してもすばらしい生活でした。そうした合理性を追求していけば、家族が仕事の障害になるという馬鹿げた考え方も消えるでしょう。

東　ただそのためにはいろいろなことが変わらないといけないでしょうね。特に東京では難しい感じがするな。

宮台　男性の育休取得率が一パーセント程度というのはやはりおかしなことです。ヨーロッパ並みに三分の一にならないと。北欧のように三分の二になればもっといい。そうなるには、両者が混ざらなきゃ無理です。極端な話、男でも、子どもをおんぶしながら仕事ができるようにならないと。そうなってはじめて男性の育休取得が現実的になります。

結局、ネックとなってきたのは、ある種のホモソーシャリティだと思うんですよ。体育会的な集団主義がずっと日本の会社文化を覆っていました。いま、そのホモソーシャリティがせっかく崩れつつあるのだから、仕事も家庭も子育ても一度全部混ぜ、その中で新しい共同性をつくっていけばよいではないですか。「オルタナティブな共同体」の要《かなめ》ですよ。

東 なぜか日本では、仕事というと、鉢巻しながらみんなで泊まり込んで集中するみたいなイメージがある。どんなノイズも介入させない純粋主義。あれは高度経済成長期につくられた一種のイデオロギーだと思うんですが、いまでもそれは強固に生き残っていて、僕がそれを実感するのは、漫画家やアニメ作家のエッセイなどによく出てくる「修羅場」という言葉です。仕事きつい、たいへんたいへん、と言いながら、それを喜ぶマゾヒズム全開なんですよね。しかし、本当にあれが「クリエイティブ」かといえば、僕はたいへん怪しいと思う。

実際僕も、いま自宅で仕事をしていると子どもが平気で入ってくるわけです。何したとか、これ見てとか、すごく邪魔されている。しかし慣れてしまうと、別にそれでも原稿が書けるようになる。そもそもそんなことを言ったら、僕たちのいまの職場環境って、携帯に電話は入るわメールは来るわ、最近であればツイッターは来るわ、ノイズばかりではないですか。そういうノイズへの耐性を備えた仕事感覚を持てるかどうかが、とても重要だと思います。

宮台　いま、少子化でひとり一部屋を与えられてそこでノイズのない暮らしをしてくると、結婚しても、女と一緒に同じ部屋で寝るということ自体が耐えられないという話があるでしょう。

東　ありますね。

宮台　そういうひとたちはやはり子どもをノイズだと感じますよね。そこは良い循環をつくらなければ。みんな混ざって生きればいい。赤木さんを悪しざまに言ったけど、勝ち組だ負け組だ、子どもがいるいないは、どうでもいい。子どもがいるひとの所にいないひとが混じれば、子どもの世話もするようになって、子どものいるひとから自分を分断しなくなる。

●「子ども手当」はセカンドベスト

東　そう言えば、民主党の子ども手当のマニフェストが発表されて、子ども関連産業や塾産業の株が上がりました。当然の結果ですが、それ自体が子ども手当の限界を示しているように思います。

つまり、子ども手当によっては、じつは子ども用品関連市場が潤《うるお》うにすぎない。民主党政権には、単純に補助金をばらまくのではなく、子育て夫婦が実際にどれだけ自由に社会生活を送ることができるのか、ケイパビリティの観点から細かい政策を実施してもらいたいですね。

宮台　先ほども言いましたが、ヨーロッパ各国の年間就業時間は一五〇〇時間未満ですが、日本はサービス残業を入れて二一〇〇時間以上。ヨーロッパに比べて、少なく見積もっても六〇〇時間は多い。一ヶ月にして五〇時間。週五日労働で月二〇日労働だとすると……。

東　じつに一日二時間半も多い。

宮台　日本の都市部は職住近接じゃないので、これに通勤時間が加わります。つまり一日二時間以上は仕事関係に時間を余計にとられている。これじゃ子育てをしようにも、時間がないので市場でサービスを購入せざるをえません。だからこそ待機児童の問題も幼保一本化の問題も重要になり、それゆえ子ども手当が必要になるわけです。

子ども手当は過酷な就業時間を前提にした「セカンドベスト」の政策です。普通に仕事をしていても一日二時間以上余計に子育てに時間を使えれば、いまほど市場でサービスを購入しなくてもすみます。「大きな社会」をつくる観点からも、〈生活世界〉を護持する観点からも、市場で購入するより自分たちの相互扶助でまかなえるようにするのがいい。

本来の保守は「社会の保全」を旨とする立場です。なにかというと国家国家とキーキー声をあげる「ウヨ豚」とはちがって、戦前の亜細亜主義者に連なる「真性保守」を名乗る者は、就業時間短縮を訴えなくてはなりません。

関連して、「ワークライフバランス」というと「趣味の時間が増える」みたいに捉える向きがあるけど、これはまずい解釈です。いま話し合っている子育てや介護を含めて、家族の相互扶助に参加するにも、地域の相互扶助に参加するにも、ボランティアサークルやＮＰＯの相互扶助に参加するにも、時間が必要だからこその「ワークライフバランス」。

これらはすべて「準公的」ないし「公的」な活動です。こうした公的活動が織りなす領域がいわゆる「新しい公共」です。「新しい公共」に参加するには時間が必要で、それには就業時間短縮が必要です。そうやって相互扶助が分厚くなれば「貧しくても楽しい我が家」「貧しくても楽しい地域」になります。これ以外の未来構想はありえないんですよ。

東　おっしゃる通りです。

つけ加えれば、そもそも「公的」という言葉のイメージが貧しすぎる。本当は子育てなんて、準公的どころか公的活動そのものです。子どもがいなければ、そもそも社会が存在しないのだから。それがなぜか、「お前が好き勝手に子どもを育てているだけだろ」という歪《いびつ》な感覚が、若い世代を中心に蔓延《まんえん》している。それは変えていかなければならない。

●子育てのインフラストラクチャー

東　しかし、その上で言えば、先ほどの話の繰り返しになってしまいますが、現状で若い世代にそれがトレードオフのように見えてしまうことにも理由があると思うんです。託児室の少なさしかり、仕事の純粋主義しかり。

もうひとつ例を出します。たとえばうちの娘が生まれたとき、子どもを早く寝かせようという趣旨のキャンペーンを東京都がやっていた。ファミレスに子連れで行くたびに、「夜に子どもを起こしているとこんな悪いことが起きる」というポスターが貼られていて、ちょっと困りました。

現代社会のライフスタイルは多様です。子どもを早く寝かせたほうがいいのは当然です。しかし、夜八時に子どもを寝かせたら子どもと会えない父親もいる。

さらに言えば、これは僕の実体験ですが、うちのようなふたりともフリーランスの夫婦が子どもをつくると、生活時間の移行にとても時間がかかる。そもそもいまの社会は昼夜の区別がなくなっていて、コンビニもいつでも開いているし、仕事もメールで休日でもいつでも対応するのが常識になっている。二〇代後半の独身でフリーランスの人間なんて、その条件下で生活時間はめちゃめちゃになっているものです。でも、そういうひとでも子どもはつくる。というよりも、そういうひとでも子どもがつくれるような社会にしよう、とみなで言っている。

にもかかわらず、子どもをつくると途端に出会うのは、子どもは八時に寝かせろ、三食お母さんがバランスを考えて自宅でつくれ、という言説です。僕はここに大きな無理を感じました。つまり、現代社会で仕事をする上の時間感覚と、子育てにあたって奨励されている時間感覚に、大きなズレがあるんですね。そうすると一方から他方への変更はとてもコストがかかる。実際に僕はいまでは、むしろ娘の保育園登園にあわせて朝起きて夜寝る生活を送っていますが、このように調整するのに二年くらい時間がかかりました。それまでは、褒《ほ》められた話ではないですが、娘もけっこう深夜まで起きていた。そして家族三人で正午に起きたりしていた。

むろん僕は、子どもを夜中に連れ回していいとは思わない。僕も子どもができてからコンビニに行く機会がめっきり減って、そのほうが健康だと思う。しかしその変化はだらかにしないと、親の負担が大きすぎる。子どもができても、とりあえずは子どもがいなかったときと似た生活を送れる、そういう環境を整備するべきだと思います。

宮台　欧米のようにベビーシッターの役をしてくれる近隣の中高生たちがいればベターです。東さん夫婦と僕たち夫婦が一緒に夜八時からの観劇に出かけて夜中の二時に帰るなんていうことも、子どもの一〇時就寝と両立可能になります。そうしたことをスッ飛ばしてキャンペーンをはる馬鹿がいるのは、本当に困りものですね。

僕たち夫婦も外出するとき、義理の姉夫婦に子どもをあずけることがありますし、逆に向こうが出かけるときにこちらが子どもをあずかることもあります。先ほども言ったけれど、兄弟夫婦や姉妹夫婦に限る必要はなく、家が遠くなければ、東さん夫婦と僕たち夫婦の間でやってもいいわけです。

日本のような経済社会では、親夫婦や兄弟姉妹夫婦が、近所に住んでいるなんて贅沢《ぜいたく》は滅多にありません。だから、血縁を超えた相互扶助のネットワークが重要になります。それには、あずけてケガをしたときに責任問題がどうのこうのと噴き上がりすぎると、相互扶助ネットワークという共有財が破壊されます。そのことにも注意するべきですね。

東　しかし、市場と血縁の外で相互扶助のシステムをつくるのは現状ではなかなか難しいでしょう。というよりも、それが実現するためにはかなりの社交性が必要になるように思うのですが、まさにそれこそがいまの若い世代に期待できないことです。

むしろ民間のベビーシッターや一時保育のサービスに公的扶助を与えるのはどうですか。いまはあの手のサービスはかなり高額で、富裕層のものという印象がある。それが変われば少しはちがうと思います。

宮台　それは民主党の方針でもあるので、実現してもらわないと困ります。そうすれば、子どもをつくってライフスタイルを激変させることなんて考えられないと思っているひとたちも、子どもをつくる気になるのではないかと思いますね。本当の少子化対策とは、人々に従来よりも子どもをつくりたい気持ちにさせる政策を打ち立てることです。

東　さらに加えて、美術館やコンサートホールには託児室を設けるべきだし、従業員が子どもを職場に連れてくる機会を増やすべきだし、経営者にそのような場を設けるようなインセンティブを高めるべきだとも思います。

むろん、宮台さんがおっしゃったように、市場の外でまかなえるサービスは市場の外でまかなうべきでしょう。子どもを親戚や隣人にあずけることができれば、それがもっともコストがかからない。それを実現することがまさに「大きな社会」の本義でしょうが、しかしなかなかそこへ行くのは難しい。

近所づきあいが苦手で、社交性がないひとでも安心して子どもをつくれる社会、というのも、いまは考えなければならない。そこが難しいところだと思います。

＊1 **ロスジェネ論壇** ロスジェネは、ロストジェネレーションの略。一九九三〜二〇〇五年の就職氷河期に社会に出た世代を、朝日新聞が「ロストジェネレーション世代」と定義したことによる。二〇〇七〜〇八年には、ロスジェネ世代の当事者たちによる雑誌『フリーターズフリー』『ロスジェネ』『POSSE』などが相次いで創刊され、若者の雇用や社会保障、生きづらさなどの問題を中心に、活発な言論活動が繰り広げられた。

＊2 **赤木智弘**（一九七五— ） フリーライター。『論座』二〇〇七年一月号に寄稿した「『丸山眞男』をひっぱたきたい 31歳フリーター。希望は、戦争。」が注目を集める。非正規雇用労働の現実を踏まえた社会批判を精力的に発信している。

＊3 **見田宗介**（一九三七— ） 社会学者。東京大学名誉教授。専門は比較社会学、現代社会論。著書に『現代社会の理論』（岩波新書、一九九六年）、『社会学入門』（岩波新書、二〇〇六年）など。

＊4 **森川嘉一郎**（一九七一— ） 明治大学国際日本学部准教授。専門は意匠論。著書に、秋葉原の変容を追った『趣都の誕生』（幻冬舎、二〇〇三年）など。

＊5 **たまプラーザ** 神奈川県横浜市青葉区にある東急田園都市線の駅。駅周辺は同区の青葉台駅と似た雰囲気の街並みで、駅前の東急ショッピングセンターや近隣の大型スーパーは賑わいを見せる。二〇一〇年の完成を目指し、駅前を再開発中。

＊6 **少年殺人事件** 一九九七年、兵庫県神戸市須磨区で発生した、「酒鬼薔薇聖斗」を名乗る一四歳の中学生による連続児童殺傷事件（通称：酒鬼薔薇事件）。被害児童の殺害現場となった「滝の山」は「タンク山」と呼ばれる。事件の起こった地域は山を切り開いて作られたニュータウンだが、タンク山は、

排水タンクがあるために残された山の一部であった。

＊7 『時間ですよ』 一九七〇年からＴＢＳ系で放映されたテレビドラマ。東京五反田《ごたんだ》の銭湯「松の湯」で繰り広げられる人間模様をコミカルに描く。

＊8 「アグネス論争」 一九八六年に長男を出産したアグネス・チャンが、翌年に仕事を再開したとき、子どもを連れてテレビ局に出勤したことを機に巻き起こった論争。コラムニストの中野翠《みどり》や作家の林真理子は、職業人のモラルという面から子連れ出勤を批判したのに対し、社会学者の上野千鶴子は、チャンによって職業の世界からは隠れてしまいがちな「子育て」問題が可視化されたことを評価。以降も、女性の仕事と子育ての両立をめぐって、さまざまな議論が繰り広げられた。

第3章

均質化する学校空間

――教育を考える

●グループワークができない子どもたち

宮台真司　父親として向き合わざるをえない学校についての議論をしましょう。国際的な学力調査として、OECD（経済協力開発機構）が実施するPISA（OECD生徒の学習到達度調査）、IEA（国際教育到達度評価学会）が実施するTIMSS（国際数学・理科教育動向調査）があります。日本はどんどん順位を下げている。参加国が増えたから下がった面もあるけど、事実としても学力は低下しています。

どうして下がったのか。教育社会学者の藤田英典《ひでのり》さんは、理由は、日本がグループワークをしなくなったからだと指摘しておられる。逆に、最高位のフィンランドは、グループワークを中心にしている。グループワークは、中位値よりも下の子の成績を上げる働きをします。つまり全員一〇〇人だとすると、五〇番目よりも下の子の成績を上げるんです。

フィンランドは、人口が五三〇万人ぐらいしかいませんから、「できるひとたち」だけで国を回すことは、できません。だから、総動員体制下で隣組のような班体制が活用された名残《なご》りで、戦後教育においても班活動を重視したかつての日本を見習うような形で、グループワークを積極的におこなっています。これが奏功したわけです。

フィンランドのような国がグループワークに舵《かじ》を切る時期に、日本は能力別編成という反動的方向に舵を切ります。能力別編成には、中位値より下の群の成績を下げる機能があります。先ほど申したように、いまの日本は、各所でグループワーク能力欠如が露呈していますが、その一端が国際学力比較調査において表れていると藤田さんはおっしゃいます。

能力別編成では、中位値より上のひとたちの成績もさして伸びません。同じ実力ないし同じ家庭環境の子ばかり集めるからです。どういうことかというと、まず承認の問題があります。教える喜び、仲間が向上するのを見る喜び、仲間からリスペクトされる喜び、など、人間関係の中でたがいの存在を承認し合うことによって動機づけられる経験が失われる。つまりエンジンがなくなるんです。

学力だけじゃなく仕事でもそうです。「勝ちたい」「ひとよりも上に行きたい」という競争動機だけでは、どのみち長くは続きません。教えられるほうもそうです。教えてくれる仲間をリスペクトする。こういうやつになりたいなと思う。そうした「感染動機」こそが、勉強でも仕事でも、ひとをあと押しするエンジンになるんです。

小学校の先生たちの話を聞いても、いまは子どもたちが教室内でたがいに分断された状態です。親は先生を信頼せず、先生も親を信頼せず、親も他の親を信頼せず、親は子に他の子を信じるよりも信じないことを教え、子どもも他の子どもを信じない。もちろんそれが学級崩壊の理由にもなるけれど、なによりもグループワークの能力を著しく欠落させるんです。

こういう子が長じて高偏差値大学を卒業しても、企業ではうまくやれません。企業に限らず社会の中で生きられない。友だちが少なくて孤独だし、家族形成もうまくできない。つまり「ひとり寂しく死んでいく」わけです。高偏差値大学で教えていると、こうした「不幸になることが半分決まったひとたち」が大勢いるのを目撃して、打ちひしがれます。

NHKの『クローズアップ現代』も扱っていましたが[*1]、日本でポスドク制度[*2]がうまく機能しない理由も同じです。博士号取得者に対する企業側の評価が低いのは、欧米とちがって、グループワークができずに、ピンポイントの専門性にこだわるから。企業が必要とするのは「近隣のテーマ」で、「グループワークで高いアウトプットを出す」ことなんです。

僕の、正規のゼミや、一般人向けの私的なゼミでは、グループワークを重視します。サブゼミグループをつくるだけでなく、合宿や飲み会を仕切る力をすごく大切にしています。やはり当初は「些細《ささい》なことからキレて決裂する」ケースばかり。OBを先輩役にして一年がかりで鍛えると、ようやく一人前になるという感じです。

子ども周りや若いひとたち周りでもっとも劣化しているのは、このグループワーク能力だと僕は感じます。でも当人たちにはあまり責任がないんじゃないでしょうか。そこには、まず、小手先ではない政策的な誤りがあり、次に、そうした誤りの背後に「能力」というものに対する大人たちの勘ちがいが多分にあります。

●なぜ班活動は衰退したのか

宮台　「大人たちの勘ちがい」とは「優先順位の混乱」のことです。子どもの頭を良くしたいと思ったり、喧嘩に強く育てたいと思うのはわかります。でも、だったら「頭のいいひとと仲良くなる力」や「喧嘩に強いひとと仲良くなる力」のほうがずっと重要です。普通、そうしたことは、だれもが弁《わきま》えるべき常識でしょう。むかしはそうした常識がありましたよ。
僕が小学校の頃、京都に住んでいたとき、ヤクザの子たちに守ってもらっていました。僕は担任の覚えめでたき学級委員長だから、彼らに知恵をつけたり教員に対して弁護したりする。かわりに、僕が「あいつを泣かしてくれ」とか言ったら泣かしてくれるし、第2章でもお話しした通り、学級委員長選挙ではいつも満票が入ったのは彼らのおかげでした。

東浩紀　グループワークの力が日本で落ちていることの直接的な原因は、なにに求められると分析されているのですか。

宮台　まずは、藤田さんも指摘された通り、教室内で班活動を重視しなくなったということです。

東　教育政策に変化があったわけですか。具体的には教師用のマニュアルが変化したとか。

宮台　変化はあったと思いますよ。僕の場合は、京都で小学校時代を過ごしているでしょう。京都は当時（一九六〇年代後半）共産市政と共産府政だったので、たとえば、激しい受験競争はなかったし、強烈な反戦教育がなされてもいたんですが、とりわけ教室内の班活動が重視されていた記憶があります。これがじつにすばらしかったという思いがあります。

東　僕も三鷹市の小学校では同じですね。四人か五人の班編成で、朝顔を育てたり学習発表をしたり、そういうことをやっていたような気がします。あれは日教組系の指導方針だったのですか。詳しくないのですが。

宮台　そうではないと思います。明治五（一八七二）年の学制改革以降、秩序維持装置として中間集団を用いるのが、統治権力のガバナンス戦略でした。町内会もそうだし、自治会もそうだし、隣組もそう。こうした国民化のためのガバナンス戦略や、総動員のためのガバナンス戦略の、文化的ＤＮＡというか、制度的惰性体《だせいたい》として、班活動があったんだと思います。

　たとえば、一九六〇年代の高度成長時代には、ＱＣ（クオリティコントロール）サークル運動[*3]などが日本で生まれ、やがて海外に広がりました。これも班活動ですね。こうした運動の背後にも、グループワークが、国民皆兵制的な全員戦力化にも役立ち、労働集約的な産業構成の要にもなるのだという認識が、常にあったと思うんです。

　ところが、八〇年代半ばに臨教審が最終答申を出してから、大きく変わりました。最終答申のように多様性を擁護することそれ自体は悪くないけど、僕の言葉で言えば、多様性を強制せよという「ポストモダン派」よりも、市場に任せて能力主義にしろという「ネオリベ派」の勢力が強くなってしまった。具体的施策に落としやすいから仕方なかったという面もありますが、結局は多様性どころか平板な能力主義が社会全体を覆ってしまいました。

東　なるほど。そこで班活動をやらなくなったと。いまでも同じ状況ですか。

宮台　僕が一緒に勉強会をやる小学校の先生たちに言わせると、やらせようと思っても成り立たないというんですね。能力別編成のようなクラス編成のやり方だけじゃなく、ニュータウン化も背景にあります。僕の小学時代みたいに、地元商店の子、農家の子、社宅の子、ヤクザの子が、ひとつクラスにいるなんてありえなくなった。均質化したんです。

東　それは深刻ですね。

宮台　京都の小学校で同じ班の女子に「こんなん、なんでわからへんのや」って言ったら、先生にすごく怒られた。できる子ができない子を教える態度も大切にされました。思い出しましたが、豪邸に住む「ヤな奴」がいて、欠席してたんで、自習時間に「懲《こ》らしめにいこう」と言って、クラス全員を豪邸に連れていって、投石しました。

東　それは大問題になるでしょう（笑）。

宮台　僕は学級委員長だったんで、担任の先生がマジで泣きました。でも、そのときに皆が僕についてきてくれたのは、学級委員長だったからというより、班活動でそれなりにリスペクトされるようになっていたからだと思います。そういう記憶もあるんで、いまの子どもたちがグループワーク能力を習得できないのは結構問題だと思っているわけです。

さっきも言ったように、僕のゼミではグループワークをさせますが、小さなトラブルで紛糾《ふんきゅう》してすぐ破綻《はたん》します。とりわけ班長がリーダーシップをとれないケースが目立ちます。「リーダーってのはそうじゃねえんだよ」と指導するＯＢを後見人にしたり、年に二〜三回の合宿をして班内の基本的信頼関係をつくったりすることで、はじめてなんとかなります。

でも、大切だと思うのは、「すぐ紛糾して破綻する」という部分だけに注目して「ダメじゃん」と諦めないことです。実際、僕がやっているような手当てを施《ほどこ》せば、一年経てば見ちがえるようになります。リーダーシップ能力がある班長も育つし、班活動もうまくいくようになります。大学生になってからでも手遅れじゃないということです。

●ノイズ耐性のない親子

東　前章までの対談では、現代社会の不十分な育児環境に加え、子育て世代の想像力や社交力のなさも子育ての障害だとされていたと思います。そこで宮台さんの考えをうかがいたいのですが、小学校で班活動を重視すれば、一〇年、一五年後には状況は改善されるんでしょうか。

宮台　いや、むしろ問題は親ですよ。知り合いの小学校の先生から話を聞くと、いまの親は、子どもに対して、「友達がいるかどうか」とか「友達と仲良くできているか」ということよりも、「先生の覚えがめでたいのか」とか「先生の言う通りできるかどうか」にばかり注意が集中しているそうです。家で親がこれじゃ、話になりませんよ。

東　公立の小学校でも同じですか。

宮台　そうです。小学校だけじゃなく幼稚園でもそうらしい。第1章でお話しした通り、うちの子は近所の幼稚園に入りましたが、お受験塾的な幼稚園ってあるじゃないですか。

周りのひとたちの話を聞いていても、そういう幼稚園では、子どもの単体としてのパフォーマンスばかりを気にかけているらしいんですね。

むかしは幼稚園の入園を許可するかしないかというときに、ただ遊ばせておいて、みんなと仲良く遊べるかどうかということを重視したという話を、幼稚園関係者から聞きます。全体として、大人側のフレームが変わってしまったせいで、それが教室の中の教員の活動にも影響しているし、家に帰ってからの子どもたちの活動にも影響していると感じます。

東　これは僕の個人的な経験ですけど、うちの娘は、前にもお話しした通り、やたらとひとに話しかけるんです。同じ年代の子どもがいると、どこでもすぐに近寄っていくんですが、そのとき親はたしかに二通りの反応にわかれますね。

多くの親は娘を歓迎して子ども同士遊ばせてくれる。でも、結構無視できない数として、すごく警戒する親がいる。「なに、この子？」みたいに、よその子どもが話しかけてくることそのものに警戒心を示す親がいる。親がそうだと、子どもも同じなんですよね。

娘は四歳です。この年代は、だれかれ構わず親しくなれるのが魅力的です。それなのに、知らない子同士が遊ぶことをリスクとして捉える親がいるというのはいささか悲しい。保育園からの帰りも、うちの娘は夕飯の時間が迫っているにもかかわらず一時間くらい公園で遊んだりしますが、そこに混じらない子もいる。

宮台　昭和四〇年代から五〇年代にかけての時代を舞台にした『ちびまる子ちゃん』では、友達のうちにお呼ばれしたり、自分の友達を呼んだりという関係、そうした関係の延長線上にある子ども会などが、地域でちゃんと機能していた様子が描かれています。うちの娘もアニメの『ちびまる子ちゃん』を見るのが大好きです。

東　うちの娘はオタクっぽいものばかり見ているんでまだ見てないですけど（笑）、あれはたしかに好きかもしれない。

宮台　メディアではいまも描かれているのに、友達のうちに呼ばれたり呼んだりという関係って明らかに減りました。ノイズ耐性の問題が関係するでしょうね。子どもを呼ぶと本当に大変で、マンションにいればドンドンと大きな音が出ますから、下の階のひとに「この時間まではなんとか我慢してください」みたいに挨拶しにいくことが必須になります。

でもむかしは子どもの騒ぎに寛容だったけど、いまは周囲にノイズ耐性がないひとも多く、思わぬトラブルに発展しがちです。近所づきあいがうまくできない親だったり、近所にそういうひとがいると、他のうちの子を呼んでドッタンバッタンなんて無理。要は、親の地域におけるポジションが以前よりも脆弱《ぜいじゃく》になって、子どもの人間関係を支えられないんです。

●大学のサブゼミが機能しない

東　それはここ一〇年間ぐらいの傾向ですか。あるいはもっと前から続いている変化ですか。

宮台　もう少し前まで遡《さかのぼ》れることです。学生さんたちに最近話したことだけど、僕が首都大学東京（当時は東京都立大学）に赴任したのが一九九二年。九二年から九五年までの都立大の学生たちは、すごくアクティブで、グループワークも得意でした。リブゼミグループにわけても、すごくうまく回りました。だから、ゼミの学生の名前をいまでも全員憶えているんです。

それが九〇年代後半に入ると、九六年の『エヴァ』（『新世紀エヴァンゲリオン』）ブームあたりからですが、サブゼミグループのパフォーマンスが急激に低下しました。それまでは、サブゼミグループごとに、自発的にやりたいテーマや課題本を決めさせ、自分たちで年間計画を立てさせて、順繰りに発表させる形でやってきたのですが、うまく機能しなくなりました。

それでも二年間ぐらいは、僕がなんとかテコ入れをしながら、こうした形式を続けていたんですけれど、それでもどうにも立ち行かなくなって、九八年になるとサブゼミグループ方式をやめるんですよ。こうした僕の経験から見ると、グループワーク能力の欠如が大学生レベルで明瞭に顕在化し始めたのは、九六年だと思います。

東　鈴木謙介くん[*4]など、ナナロク世代が学生だったときですね。

宮台　生まれ年でいうと七六年あたりが分水嶺《ぶんすいれい》で、大学状況でいうと九六年が分水嶺です。たとえば僕は「援交第一世代」を七七年生まれ以降としています。また、ストリートの状況で言うと、リーダー的な「援交第一世代」がフォロワー的な「援交第二世代」に変化したのが九六年です。ちなみに「第二世代」の生まれ年は八二年以降です。

九六年にストリートの時代が終わり、渋谷センター街に集まっていたような社交的な子は、友だちの部屋にタムロする「お部屋族」になるか、地元近くの町田《まちだ》や藤沢《ふじさわ》や大宮《おおみや》や柏《かしわ》にタムロする「ジモティー」になります。九六年はナンパの時代の終わりでもある。ナンパ系がイタく感じられ始め、ナンパ系とオタク系が「横並びのトライブ」になりました。

つけ加えると、「援交第三世代」は八六年生まれ以降ですが、九五年のオウム真理教事件や阪神淡路大震災をはっきり憶えていません。就職の面接担当者や人事担当者の話を聞くと、八六年生まれ以降になると、グループワークができないとか、怒られるとヘコんじゃうだけじゃなく、不安でオドオドしていて、マトモに話ができない子が増えると言います。僕の実感でもあります。

そうした流れを踏まえれば、七六年生まれの鈴木謙介ぐらいまでは結構ちゃんとしていたのかもしれない。彼は非常に面倒見がいいし、人間関係をつくるのもとても上手です。その鈴木謙介が若衆宿的に居場所を提供していたのが、七七年生まれ以降の女子です。「援交第一世代」はカッコイイ子も多かったのですが、いらだって空回りしていました。

東　鈴木くんより後輩でも、地域社会について研究している西田亮介《りようすけ》くん[注5]は、大学や職業を横断していろいろひとを集めて活動しています。最近では『.review』という若手評論集も自費出版している。ああいうふうに若いひとたちがツイッターなど使って集まっている様子を見ると、決して社交性がなくなったわけでもないと思うのですが。

宮台　ＳＮＳやツイッターで新しいコミュニケーションの手がかりが出てきたことが追い風になっていますね。それが出てくるまでの間は、手がかりが失われて「手段のアノミー（混乱状態）」があったように思います。社会性への志向があっても、従来のような共通前提が失われているので困っていたところに、ＩＴが共通前提を提供してくれたという感じです。

僕は合宿や飲み会をするとき、いろいろな役割をこっちから振ります。しばらくやらせれば、一年ほどで基本的なソーシャルスキルはできあがります。社交性への志向がないわけじゃないのは確実です。ただ、「コンパ仕切ってね」と言ったときに「どうやったらいいんですか」みたいな、僕からすると信じがたい返事をもらうことがあるのも事実です。

基本的なソーシャルスキルがない状態で成長してきたので、社交性への志向を発揮したくてもどうしていいかわからないという、「手段のアノミー」なんです。僕のゼミ経験から見ると、彼らに手段を学ばせるような、集団を合理的にマネジメントする能力を提供するような社会的装置が、なくなっているという印象が強くありますね。

●九二年問題——学校がホームベースではなくなった

東　その原因は宮台さんの目から見てどうなのですか。大きくは教育制度の失敗なのでしょうが、それは学習指導要領の変更のような大きいところからトップダウンで生じる変化なのでしょうか。

宮台　学校に還元できない背景もあります。若い子をずっと調べてくると、一九九二年が分水嶺だとわかります。九二年にカラオケボックスブームが起こり、歌えば拍手の繰り返しで、音楽が社交ツール化して、のめり込んで聴いたり歌ったりすることがなくなります。同じ頃から小室哲哉の音楽がはやり始め、音楽がストリートの応援歌と化していきます。

九二年には他の世界でも変化が起こります。エロ本の世界では「字もの」から「絵もの」に変わります。アダルトビデオの世界でも「単体もの」から「企画もの」に変わります。女子高生のブルセラ現象が始まるのも九二年です。そうしてこの九二年に、学校の週休二日制完全実施への取り組みが始まるんですね。最初は月二回の土曜日休みが始まるのが九二年だし、ゆとりカリキュラムの開始も九二年です。中高生が学校に収容される時間が激減して、ストリートにボーンと吐き出された印象があります。だからチーマーやコギャルなどのストリート化が進み、ストリート音楽化現象が起こったり、女子高生の援助交際現象が起こったりしたという面があるでしょう。

わかりやすく言えば、学校あるいは教室が、もはや「ホームベース」ないし「本拠地」ではなくなるという感じ。それが九二年から始まって、最初はストリートが輝いていたのが、九六年になると、エヴァンゲリオンに象徴されるようなアダルトチルドレンブームや自傷ブームが起こって、一挙に輝きのないフラットな時代に入っていくというわけです。

東　なるほど。学校がホームベースじゃなくなった。けれども学校という制度は残っている。その結果、学校はもはや子どもに居場所を与える場所ではなく、個別の資格を審査する場所になってしまった。そして親も学校観が変わり、子どもに資格を与えるためのサービスしか要求しなくなった。というわけでモンスターペアレンツも生まれた。そんな流れでしょうか。

宮台　九四年にＮＨＫの『ＥＴＶ特集』で、「シブヤ・音楽・世紀末」というクラブを取材した番組をつくらせてもらいました。警察が終夜営業のクラブに一斉手入れするとの噂が耳に入ったので、これは抑止しなきゃということで、「クラブにいる子は悪いやつじゃない」というメッセージをみんなに届けようと思ったのが、番組づくりの背景です。

番組では、かつては学校や地域や家に居場所があったのに、居場所がなくなって、「第四空間」*6である街にはき出されているんだという図式を訴えました。その目論見《もくろみ》は成功して、東京都の文教部会でも番組名をあげて話題にしていただき、僕が恐れていたほどクラブの手入れもなくて済みました。

番組の制作で憶えているのは、当時取材した子たちが「学校がただの挨拶の場になっている」と言ったことです。「〝挨拶されたら挨拶し返さなきゃ〟とか〝友達が冗談言ったら笑わなきゃ〟とか、演技によって同調する空間になっていて気が抜けない。学校でまったりできないから、都心に出てきてクラブでまったりするんだ」と。僕には結構衝撃でした。

なぜかというと、僕らが「ディスコ世代」だったからです。「ハレの場」や「演技の場」を求めて街に来るという感じが、僕らのものです。それが、クラブブーム只中の九四〜九五年の「クラブ世代の子」たちは、僕らとは逆に、学校が「演技の場」で緊張を強制されるから、そこから解放されるため、つまりまったりするために、クラブに来る。だから、僕らがティーンのときのディスコはナンパの場所だったけれど、九〇年代半ばのクラブではナンパはご法度《はっと》だったんです。その対照が僕には印象的でしたね。この番組では高校生が取材対象だったんだけれど、少なくとも九〇年代半ばの段階では、教室の中の共同性が生じる余地はなくなっていたと思いますね。

●均質化する東大生

東　僕自身、あまり学校に居場所を見出したことがないので、いまの話は感覚的には理解できます。僕の高校時代は一九八〇年代後半です。

僕は高校は筑波大学附属駒場高等学校（筑駒《つくこま》）でした。しかしあまりなじめませんでしたね。大学に入ったときも、すぐに大学の外側で自分の承認を求めるようになった。

システムとしての学校にいまいちなじめない。とはいえ、大学や高校が居場所を提供したほうが、社会全体としては効率がいいですよね。

宮台　東さんは一九七一年生まれですよね。

東　そうです。

宮台　なぜ学校になじめなかったの？

東　なじめなかったというか、うんざりしていました。理由は、いまの言葉で言うとネオリベ的に最適化された空間で、シニシズムが支配していたからです。

筑駒が特に顕著で、そのあと入った東京大学文科Ｉ類（文Ｉ）も基本同じなんですが、あまり夢を語る同級生とかいないんですよ。別に将来やりたいことなんてなくて、とりあえず成績が良ければなんとかなるから、リスクを最小化するためには東大行っておくか、文Ｉに行っておくか、そのあとは官僚になっておくか、という発想なんですね。そういうことを普通に一七歳、一八歳のやつがしゃべっている空間が我慢ならなかった。そういう空気が生理的に嫌だったので、なるべく距離を置きたいと感じてました。筑駒は東大に半数以上が現役合格する高校なんですが、その現実はエリート感には繋がらず、徹底したニヒリズムしか生んでいなかった。どうのこうの言ったって、おれら東大行けばなんとかなるんだし、まあどうでもよくね？的な。あれはあれでバブルの時代の典型的な空気でもあったので、いまでは母校も変わっているのかもしれませんが。

僕が東大駒場に関して印象に残っているのは、クラスのオリエンテーションで、入学式前の三月にみんなで合宿に行く機会があるんですね。僕は文Ⅰロシア語クラスに入ったので、四〇名ぐらいで行くんです。

それで夜に自己紹介が始まるわけですが、なんと既に三分の一近くが、ＬＥＣとかＴＡＣとか国家公務員の受験予備校や資格学校に通っているんですよ。これから入るんじゃないんですよ。その段階でもう入っているんです。まずそれに衝撃を受けました。

おまけに、そこで交わされる会話がまたひどくて、正直に告白すれば当時の僕もそれを楽しんでいたのだけど、とにかくみな高校時代の成績の自慢をする。何回目の東大プレ模試で全国何位だったとか。それが自己紹介がわりになるわけです。「あ、夏の河合塾模試で一〇番だった〇〇さんですね、あのときは負けちゃいました」みたいな。あと交わされるのは、外務省に行くんだったらアメフトやるといいらしいよとか、そういう情報の交換なわけです。それが僕の最初の東大の印象なんですね。

むろん学部時代には楽しいこともあったのですが、三年生以上の所属学部を決める通称「進振《しんふ》り」のときに、このルートに一生乗っていったら僕は気が狂うなと思って、法学部進学をやめて教養学部に変更したんです。

宮台　いまの東さんの話は印象的です。僕が大学になじめなかった理由と同じだからです。僕は文Ⅲでしたが、文Ⅲは東大入学者の中では負け組なので（笑）、そうした自慢話が起こらないはずなんだけど、クラスではそういう自慢話以外のネタがない。ネタがないから仕方ないのかなと当時は理解していましたが、飲み会に行けば予備校や公開模試の話ばかり。

東　他に話題がない。

宮台　だから、他からすごく分断された島宇宙になっているという感じは、東さんのときに先立って、僕らのときから既にあったんですね。

東　文Ⅲだとまたちがうのかもしれませんが、文Ⅰだと都内進学校出身者の比率がきわめて高いので、直感的には、下手をするとこの学生たちは高校よりも均質な集団なんじゃないかと感じました。みなが公開模試の話、外務省とか大蔵省（当時）の話をしている。人生の最適化ぐらいしか目標はない。

あのとき僕が筑駒や東大で同級生だったひとは、いまかなり偉くなっています。しかし、彼らの当時のシニカルな会話を思い起こすと――むろん彼らもこの二〇年の間に変わっているでしょうし、そうでなければ困るのですが――、日本の未来についてはいささか暗澹《あんたん》たる気分になります。

僕が娘の将来について、自分が高学歴のわりにあまり学歴を気にするつもりがないのは、そういう経験に基づくものなのかもしれません。高校生になった娘にはもっとストレートに夢を追ってほしいものです。

●ツイッター時代のマネジメント

宮台　東さんは、ツイッターのコミットメントのレベルがとても高いですよね。

東　僕はツイッター大好きですから（笑）。

宮台　多分ツイッター活動を通じて、若い連中の社会性に関わる志向がかなり観察できると思うんですよ。たとえば濱野智史《さとし》さん*7は東さんとどのぐらい年が離れているんでしたっけ？

東　彼は一九八〇年生まれですから、九歳下です。

宮台　八〇年代生まれ以降の人たちの、ツイッター活動を通じて見えてくる社会性って、どんな感じなんですか？

東　社会性ですか。

宮台　たとえば、非正規の学生を含めて、僕のゼミにいる連中を見ていると、NくんやIくんだけが体育会系というか伝統的なハビトゥス（社会的性向・慣習）を持っています。そのおかげで、僕からふたりに指令を出し、ふたりから他のひとたちに指令が行き、なんとかまとまる形になっています。

具体的に言うと、NくんやIくんが、僕と同じように「こいつとこいつを押さえておくとうまくガバナンスできる」というセンスを持っているから、彼らを頼ることでガバナンスが回っているわけです。だから僕にとって、NくんとIくんという存在は、ゼミのガバナンスにとって、なくてはならない存在です。

東さんのところにはいろいろなタイプの若いひとが集まっているじゃないですか。彼らの人間関係のマネジメントはなかなか難しいと思うんだけれど、どうされておられるのですか。あるいは、東さんなどが積極的にマネジメントしていない場合も含めて、人間関係のダイナミクスはどのようになっているんですか。

東　マネジメントしているのは僕自身ですね。
僕の場合、大学とは別に、さまざまな場所で若い世代と出会うので、その中から有望そうなひとに声をかけて私的な勉強会を開催しています。そういう制度外の人間関係が中核なので、宮台さんのケースとは異なるかもしれない。制度内で教育をおこなっていると、メンバーを文字通り「メンテナンス」しなきゃいけない。出来が悪いと言って放逐《ほうちく》することができない。僕が最近、若い世代を教育できているように見えるのは、ツイッターの比喩で言えば、メンテナンスできないひとを最初から「ブロック」しているからだと思います。
僕は大学教官でもありますが、本当は、教育の場は、教師と生徒が完全に対等な自発的参加の場でなければいけないと思うんです。完全に対等、というのはどういうことかと言えば、生徒が教師を切る自由があるとともに、教師も生徒を切る自由があるということです。また生徒同士も切り合う自由がある。僕の私的勉強会は、メンバーは完全に自発的な参加であって、いつ来なくなってもいい。逆にいつでもみなに相手にされなくなる可能性がある。そのときは僕は面倒見ないから、という形にしています。
宮台　それは僕のゼミでも基本的には同じです。正規のゼミの時間に開催しても、だいたい七割が学外者ですからね。彼ら自身が参入離脱自由だし、僕が彼らに来るなと言えばそれで終了です。最近の合宿では、二〇人参加した中で、首都大生はひとりでした。そうなると、基本的には私塾と同じで、公式の制度による縛りはありません。

東　問題は、その自発的参加のメンバーをどうメンテナンスするかだと。

宮台　そうです。さっき申し上げたやり方とは別に、僕がよくやるのは、特にゼミの内容を濃くすることです。こうすることで、濃いゼミについて来られるひとたちだけをスクリーニングすることです。こうすると結局インターカレッジになります。つまり学外者だらけになって、しかも学外者のバラエティが広がります。栃木県や静岡県から通う学生たちも出てきます。

　東さんの早稲田大学でのゼミも多分そうなると思う。つまり、早稲田の中だけだったら、濃すぎてついていけない学生たちがどんどん脱落していくでしょう。現に僕のゼミについては、他の教員のところに「濃すぎて参加できない」といったクレームが寄せられているんですが、対処するつもりはありません。わざとスクリーニングしているんですから。

東　とはいえ、大学という制度の内部と外部という区別はとても大きいと思うのですが、いかがですか。

たとえばいまはセクハラやアカハラへの警戒感が非常に強いでしょう。それは制度的な監視だけじゃなく、制度の外側にも漏れ出る監視がある。たとえばツイッターは僕だけではなく学生もやっているわけで、そこでひとはどんどん個人情報を漏らしているわけです。そういう断片から、僕とも生徒ともまったく関係がない第三者が、「いつ東浩紀はパワハラをやるのか」と虎視眈々《こしたんたん》と監視していて、ことあれば大学に通報するというような状況が存在している。

宮台　それは学校裏サイト化だな。

東　これでは教育は難しいですね。この環境だと、たとえば「おまえ才能ないから研究者になるの諦めたほうがいいよ」とか言えないもの。少なくとも、僕がそう発言したら絶対に問題になる。問題にしたいひとたちがいっぱいいる。

宮台　その場合、周囲にいっぱい目撃証人を揃えた上で、「君はかくかくしかじかの理由で、この分野については能力が低いと言わざるをえないので、単位を与えるわけにはいかない」と言えばいいんです。まあ、このレジュメの纏《まと》め方はなってないとか、発表の仕方がなってないとか言うと、尊厳を傷つけられたというクレームが事務に寄せられますがね。

東　よく頑張っていますね。

宮台　僕のやり方は、感情抜きでロボットのように一貫していますから、そういうクレームは一切聞かないことにしています。僕は学生たちに、僕のやり方は過去二〇年間、いささかの狂いもなく一貫していて、問題のなさが実証されてきたものなので、その種のクレームは一切考慮しないと宣言しますし、実際いままで一度も考慮したことがありません。

　あと「情報ダダ漏れ問題」については、ゼミの出席者全員に、他の出席者の発言についての厳密な守秘義務を課しています。普通だったら誤解されるかもしれないような、ざっくばらんな政治的発言を、ハイ・コンテクストを前提として、奨励していますからね。コンテクスト抜きに伝わってしまえば、たいへんなことになりかねません。

東　僕の場合は、不条理な批判が来たら大学を去るつもりです。自分の足場は大学の外にあるし、そこでつちかってきた教育の方法まで捨てるつもりはない。

●ダダ漏れを前提に動く

宮台　ＩＴ化と情報管理の問題だけど、一九九九年に文京区の音羽《おとわ》でお受験殺人事件[*8]ってあったでしょう。いろいろなことが話題になったけど、僕にとっていちばん興味があったのは、当時既にインターネット化が進んでいて、メールでやりとりするときに「自分だけハブにされた（仲間はずれにされた）んじゃないか」という疑心暗鬼が広がるようになっていたことです。

これは母親の間だけでなく、既に子どもの世界にも広がっていて、後に学校裏サイトとかプロフサイトの問題に繋がっていくわけです。たとえば、いまは親友同士でも自分が援交していることをしゃべらなくなっていますが、日記サイトやプロフサイトなんかに「親友が援交してる」なんてぽろっと書かれた日にはアウトだからです。

お受験殺人直後から述べてきたように、ネット化には、「繋がりができる面」と、裏腹に「オフラインとオンラインの二重性ゆえの疑心暗鬼が広まって防衛的になる面」の、両面があります。ネットのネガティブ面というと「匿名性を利用した誹謗中傷《ひぼうちゅうしょう》」や「匿名性を利用した犯罪」が語られがちだけど、「親しい間柄での疑心暗鬼」のほうが重大です。

子どもに携帯電話を持たせないほうがいい理由として、いまでも「匿名性を利用した犯罪」に巻き込まれることを危惧《きぐ》する向きがありますが、トンチンカンです。数的に圧倒的に問題なのは、「親しい間柄での疑心暗鬼」のせいで、コミュニケーション一般において過剰に防衛的になったり、親友にさえ腹を割れなくなってしまうことです。

東　まずは、すべての情報が「ダダ漏れ」になっていることを前提に動かないといけない時代になっている。

たとえば、二〇〇九年の冬に某私立大学で講演をしました。客席には『思想地図』の執筆者で、僕の弟子筋もいたから、わらわらと飲みにいくということになった。そこに初対面の女子学生が三人紛れ込んできた。それは問題ないわけです。

しかしこの飲み会の模様が、ツイッターでバンバン漏れていく。そうすると、どうやらネットの片隅で、なぜ男子学生は飲み会に行けなかったのに、女子学生は行けるんだというような話になったらしく、二日後に、そこに参加した女子学生から「2ちゃんねるで批判されているんですけど、どうしたらいいんですか」というメールが来てしまう（笑）。実害はないのですが、これはたしかに面倒な時代になったなあと。

宮台　僕にも似たエピソードがある。既に言いましたが、僕のゼミには学外者が多く、首都大生は少数派です。すると、学外者が僕とのコミュニケーションを独占することが問題になりがちです。実際に「学外者のだれそれが宮台を独占している」云々という話がメールで飛び交って、面倒くさい話になったことがあります。

批判された当事者の側は、「別に独占してねえよ、しゃべりたいなら、勝手に宮台としゃべれよ、だれも妨害してないし、てめえが勝手に黙ってるだけじゃん」という言い分で、もっともなんですが、とにかく似たような話だらけです。それで二〇〇九年末の忘年会も、全参加者の忘年会とは別に、首都大生だけの忘年会をやることになったという次第です。

東　それはわかりますね。そういう嫉妬がメールやネットにはそのまま流れますからね。やっぱり忘年会なしの方向しかないのか（笑）。

宮台　「首都大生だけの忘年会じゃないと話ができないので……」という言い方が切実なので、「子どもみたいなことを言ってるんじゃないよ」とも言えず、忘年会に二回出た。じつは一〇年前から似たような目にあっています。学会で数十メートル並んで歩いただけで、「女子Aが宮台と仲良すぎる」と男子の院生たちが陰口を叩く。おぞましきヘタレぶりです。

東　ツイッターの利点があるとすれば、弟子同士の嫉妬関係や人間関係のこじれみたいなものを、早期に発見するのに役立つということでしょうか。しかし、そんなことに妙に詳しいのも教師として問題がある。両義的ですね。

宮台　漏れたらすぐにわかって情報が独り歩きする前に対処できればいいということであれば、東さん自身がチェックしなくても、手下にモニターさせればいいということではないの？

東　人間関係のメンテナンスですからね。やはり自分でやらないと。

宮台　ご存じのように、僕はツイッターには、自分からは情報は流さないようにしているんです（後記・二〇一〇年三月から本格的にツイッターを開始し、三ヶ月で三万人以上のフォロワーがついた）。週に一度くらい僕がフォローしているひとたちのツイートをチェックする程度なので、弟子たちには「問題がありそうだったら僕に教えてね」と頼んでいます。

●ツイッターが島宇宙をブリッジする

東　ツイッターについては、僕の場合、なぜこんなにハマっているのか自分でもよくわからない。ツイッターの魅力についていていろいろ語ることはできますが、基本は僕という人間の生理になにか合っていたんでしょう。だらだらとしゃべっているだけです。

宮台　OKなんじゃないかな。東さんや西田くんは、セッティングする役割、ファシリテーターの役割をちゃんと果たしていらっしゃる。東さんや西田くんの活動水準を共通前提にして、みなが周りに集まってくるという構造があります。つまり、ボスの「だらだらしゃべり」が場をセッティングする機能を果たすんです。これはこれで重要な利用の仕方ですよ。

佐々木俊尚《としなお》さん[*9]や鈴木謙介くんが、意識的にニュースや情報を配信していますよね。鈴木くんは毎朝七時ぐらいにリンクつきでニュースを配信しているし、佐々木さんもいろいろなウェブやアマゾンにリンクを張って「これ読め、あれ読め」と言っている。僕は、彼らが張ったリンクではじめて知った情報もたくさんあるんです。

東　わかります。

ただじつは、あのおふたりの呟《つぶや》きはツイッターの特性を生かしていないとも思っています。というのも、佐々木さんと鈴木くんの呟きは、あくまで情報提供が主でしょう。佐々木俊尚のイメージ、鈴木謙介の社会的イメージを堅持したまま、きちんと情報を流す。それはむろんいいのですが、しかしそれだけではツイッターは面白くない。佐々木俊尚や鈴木謙介ってこういうひとだと思っていたら、ぜんぜんちがう面が見れた！という驚きや肩すかしがあったほうがいいんです。

ツイッターを使いこなせるようになるかどうかのコツは、そこらへんの自己像の幅と関わるのかもしれません。

宮台　ノイズがいっぱいまとわりついているということですね。それゆえに、東さんってそういうひとだったのか、という具合にキャラクターの付加価値が上がり、そうしたキャラクター文脈にあと押しされて、メッセージが単に情報としてのみならず動機づけ装置として役立つということですね。

東　その通りです。たとえば宮台さんがツイッターをやり始めたとして、宮台真司はこういう社会学者だと思っていたら、まったく関係のない話ばかり延々と流れてくる。しかもそれはだれにとってもあまり重要ではない話だったりする。僕はそのほうがいいと思っています。
というよりも、いささか逆説的に言えば、ツイッターはむしろそのほうが社会的効用を高めるメディアなのではないか。みな、本業とは別に無駄話ばかりしていればいい。しかし、その総体こそが、じつは知の効率的な組織化に資することになる。
どういうことかというと、その「無駄話」によって、本来は開けるはずだったのに閉じてしまっているコミュニケーションの回路が、再活性化されて動き出すからです。それは個人的な実感です。ご存じのように僕はこの一〇年間、現代思想からサブカルチャー評論まで、分裂したいろいろな仕事をやっていて、読者がいくつかの集団に分断してしまっていた。ところが、ツイッターをやり始めたら、その読者が驚くべき速度で一体化していくのですね。それは単純に驚きでした。

宮台　一体化というのは、具体的にはどんなイメージですか。

東　簡単なことです。たとえば僕の周りに学生が集まるといっても、いままではだいたい三つぐらいのグループに明確にわかれていて、関心がまったくちがうから、飲み会でもテーブルを回らなきゃいけないような状態だった。それが突然変わった。みな同じことを知っているようになった。

それがツイッターの話題なんです。東浩紀をフォローしていれば、思想系でもオタク系でも、とにかく僕の考え全部が時系列でだらだらと流れてくるから、なんとなく固有名詞ぐらいはチェックできるようになる。結果として、いつのまにか島宇宙が繫がってしまうのですね。こういうメディアはあまりなかった。

宮台 たしかにそうですね。「島宇宙をブリッジするための属人的工夫がツイッターだ」というのはその通りだと思います。パソコン通信時代の会議室のシスオペ[*10]が似た機能を果たしていたのを思い出します。さっきのグループワーク能力の話と繫げると、アクティブなツイッターユーザーは、グループワーク能力が高そうなひとたちばかりですね。

考えてみればあたりまえのことなんですけれども、他者性がないひとたち、つまり、社会学者のミード[*11]的に言えば「他者の役割を引き受けること」(taking the role of the others) を自由自在にできないひとたちには、放っておいたら混じり合う蓋然《がいぜん》性が低いひとたちを繫げるハブ(中軸)として機能することなど、できるはずがない。

東 それはたしかにそうです。しかし、ここで重要なのは、ツイッターの「ハブ」機能は、そこで「大文字の教養」的な、啓蒙的な内容が流れていることではなくて、もっと裸の素の人間が露《あら》わになることによって可能になるということなんです。そこに可能性があるのではないか。

人間の知的能力には限界があります。現代社会が直面しているのは要はその限界であり、これは機械力によっては超えられません。人間そのものの身体的な限界だからです。

たとえばいままでは、グーグルが登場したといっても、憲法学者のキャス・サンスティーン[*12]が『インターネットは民主主義の敵か』（毎日新聞社、二〇〇三年）で指摘したように、ネットサービスは原理的に島宇宙を強化することしかできないから、共和主義にとっては障害になるのだという意見しか存在しなかった。実際にそれは正しい。それでみなが頭を悩まして、一〇年経ったときに、「なんだ、呟きを一四〇字に制限すれば良かったのか！」と、いわばコロンブスの卵のようにツイッターが現れた。これはすごいことだと思うんですね。

人間はネット全体を見渡すことはできない。見渡そうと思ってもできない。そのときに、別にアクティブに情報収集しなくても、単に考えをダダ漏れして、自分の好きな人間をフォローしているだけで、いとも簡単にそれぞれの島宇宙から抜け出ることができる。これは別に神秘的なことでもなんでもなくて、人間関係ってもともとそういうもので、その力を拡大強化したところにツイッターがある。

それはひとつの希望ではないかと思います。

●ジョブマーケットの現状

宮台　たしかに希望だとは思いますが、いまでも大学生に占めるツイッターユーザーの割合は一割台です。グループワーク能力もなく、ツイッターのハブにもなれない、にもかかわらず、幼少期から勉強ができたために大人たちの覚えがめでたく、プライドだけ高いような、かなりの割合を占めるだろう連中を、どう介助していくかという問題が残ります。

東　グループワークをできるかどうかということは、おそらくツイッターのハブになれるかどうかとは関係がないと思います。

ただ、それとは別に、宮台さんがおっしゃったみたいに、いまダメなやつをどうするか、という問題はむろん深刻ですね。しかし、そちらに関しては、宮台さんのお話がそこに向かっているような気がするので先取りしてお尋ねするのですが、結局ダメなものはダメだとしか言いようがないのではないですか。

宮台　でも、別の本で書いたことがありますが、そうやって放っておくと「勉強田吾作」問題を解決できません。「勉強田吾作」というのは、なまじ学校の成績が良くてプライドが高いために、自分と同等ないし同等以下の成績ではるかに大きな仕事の実績を上げる「ハブになれる人間」「他者性のある人間」の足を、嫉妬で引っ張るたぐいの存在です。

要は、「勉強ができるけどモテない、勉強ができるけど人望がない、勉強ができるけど活動範囲が狭い」たぐいの輩《やから》が、「勉強ができるのに加えてモテる、勉強ができる上に人気がある、勉強ができる上に八面六臂《はちめんろっぴ》」みたいなひとに嫉妬して、陰口を叩いたり、組織的に不利益をもたらそうとしたりする。このたぐいをどうするかが重要な問題です。

小学校の現場状況を聞くにつけて、その小学生たちが大学生や社会人になる一〇年後や二〇年後のことを考えた場合、ソーシャルスキルの平均レベルが上がることは望めない。もっぱら不安によって動機づけられる不安ベースが内発ベースに変わることも、不信ベースが信頼ベースに変わることもない。コミュニケーション能力格差の両極分解が進むしかないでしょう。

これが既に顕在化しているのが性愛コミュニケーションの領域ですが、そこを見ても、とりわけ問題なのは「諦めていない者の間の格差」ではなく、「諦めてしまう者と諦めていない者の間の格差」であることがわかります。加えて見て取れるのは、「諦めてしまう者」は「別の生き方」を早くから模索するので、自《おの》ずと島宇宙化が加速することです。

こういった傾向は、これまた性愛領域で顕在化しているように、一〇年や二〇年のオーダーでは変わりようがありません。だからこそ、この問題を憂慮する東さんのような存在が、ツイッターのようなサービスを通じて、ハブとして機能することで、いろいろな島宇宙をブリッジしていくことが重要になるだろうと思います。

企業のマネジメントをするひとたちからすれば、対面にせよ、インターネットにせよ、他者たちを動員したり、他者たちのハブになったりする力を持つ人間を採りたいわけです。そういう人間が人口学的に少ない以上、採り合いが起こります。就職状況は厳しいと言われますが、こうした「採りたい人材」については、完全に売り手市場になっています。

宮台ゼミの学生たちでも、何十社も内定を取る学生がいる一方、何十社も受けて全部落ちる学生もいます。僕が憂慮するのはこの状況です。三〇社に受かるひとと三〇社に落ちるひとが、同じ大学の同じゼミにいることの意味を、大人たちがどれだけわかっているか。残酷なのは、両者の差が、幼少期から学童期に至る生育環境であらかた決まることです。

東　そうなると、人間の能力は環境で決まっている、優劣ははっきりしているという結論になりますね。

宮台　だからパーソンズ[*13]じゃないけど、狭義の学校教育を大きく超えた生育環境の制御が大切になります。ただ、問題がはっきりしてきたのは最近なんですよ。就職状況が厳しいという議論がずっとなされてきたけど、常見《つねみ》陽平氏のような人材コンサルタントが「企業が欲しい人材がいないことが真の問題なのだ」と主張してはじめてわかってきたんです。

　常見氏が主張しておられるように、企業が求める資質のあるひとたちにとっては、完全に売り手市場なんですね。ところが企業が求める資質がないひとたちから見たら、だれも自分たちを買ってくれないので、買い手市場どころか、市場すら存在しないんです。本当にだれも目もくれない。その過酷さがほとんどまだ知られていないんですよ。

東　それは、教育制度の問題というよりも、どちらかというと情報資本主義の問題のような気がします。産業資本主義の時代とは異なり、社会が求める労働の質が、標準化された交換可能なものから、特異的で突出して交換不可能なものに変化してきたので、優秀なやつはいくらでも仕事が選べるけれども、逆に「そこそこ優秀で交換可能」という人材の行き場がない。

これは難しい問題です。それはおそらく世界の必然で変えようがないのだけど、そんなことを言うと運動家や学者は怒るでしょう。

僕は率直に言えば、その新しい状況が問題なのは、労働市場によって自己承認を得ることが前提になっているからだと考えています。ひとの生は、そもそもが固有で交換不可能なのだから、そのうえ交換不可能な労働が提供されなくてもいいはずです。平たく言えば家族や友人により支えられているのであれば、そしてある程度の生存が保証されているのであれば、「世の中から必要とされな」くてもいいはずなんです。それなのに、どうも妙な勘ちがいが世の中を覆っている。

僕がベーシック・インカム[*14]を支持しているのもこの延長線上でのことです。

●高プライド人間の末路

宮台　最近、面白いことに気がつきました。ソーシャルスキルのある人間ほど単純労働を嫌がらないことなんです。最近は「一人出版社」が結構あって、出版社の社長をやりながら、夜は別の仕事をするようなひとがいます。彼らが言うのは、就職状況が宮台さんの言う通りだとしても、世の中に仕事がないというのは完全にウソであると。

時給八〇〇円から一〇〇〇円の範囲内で「なんでもやります」と言えば、仕事はいくらでもある。実際に僕の知り合いの六〇代のひともまったく困ってない。彼は中卒で、昼は出版社の社長をやりながら、夜は皿洗いや荷運びをやっている。彼が言うには「仕事はあるに決まっている。そうじゃなければ、中国人がどうしてこれだけ接客業にいるんですか」と。

問題なのは、仕事がないことじゃないんです。NHKの『クローズアップ現代』で「親の期待を背負っているがゆえに親にSOSを出せない若年無職層」が扱われていましたが、[*15] 彼はその扱いに異論を述べていました。三〇社受けて全部落ちたという男が出てきますが、「三〇社のリストを出してみろ、どうせ『ぷっ』だぜ」と彼は言います。

親の期待過剰ゆえにSOSを出せない以前に、親の期待過剰ゆえにはじめから無理な枠内でしかエントリーしていない。つまり、ある幅以外の仕事は仕事に見えていないのが問題なんです。その出版社社長・兼・深夜労働者が言うには、中小企業と単純労働にまで枠を広げれば、「三〇社受けて全部落ちた」なんてありえないんだということになります。

ここにもうひとつ問題がある。いまの大学院生の多くが単純労働を間違って捉えていることです。単純労働でも大丈夫ですというひとたちは押しなべて「単純労働は非クリエイティブだ」と理解しているが、じつは単純労働の中にも習熟がある、と彼は言います。それまで注意を集中しなければできなかった作業が、次第に自動的にできるようになるプロセスのことです。

自動化的習熟による負担免除によって、自分の注意力が別のところにも広がって、他の新人たちにアドバイスできるようになっていく、ということもあります。「だから単純労働に喜びがないというのはウソで、やったことのないやつが言うことだ」と彼は言います。「釘をまっすぐ打ち込めるようになる喜びも、他人に教える喜びも、あるんです」と。

ところが「単純労働まで範囲に含めれば仕事はある」という物言いに、社会学者の堀内進之介君[*16]は異論を述べます。彼が言うには、単なるマインドセットの問題じゃなく、文字通り単純労働ができない大学院生が大勢いるんだと。決まった時間にシフトに入り、言われたことをやり、監督者の要望を汲《く》んで改善するということが、できないと。

加えて、ちょっとしたノイズに耐える力もない。単純労働の現場は、体育会系的で、「何やってんだ、この野郎」みたいな汚い言葉も飛び交います。そういう文化なんだと受け入れてしまえばなんの問題もないんですが、大学院生のひとたちの多くがまずはそれに耐えられない。「なんで年下のやつに罵倒されなきゃいけないんだ」という反応になります。

面白いと思ったのは、先ほどの六〇代の出版社社長・兼・深夜労働者が、皿洗いに入っていたら、オーナーが来て「すばらしい仕事をしてくださっているんだが、六〇代のあなたが三〇代の若造に罵声を浴びせられるのが見るに忍びないので、他の仕事を紹介するから考え直してくれないか」と相談されたそうです。むろん彼は「このままで問題ない」と答えたそうですが。

だから堀内君は「単純労働まで広げれば仕事はいくらでもある」という僕の言い方は

間違いだというわけです。「そもそも大学院生の多くには単純労働に耐える力がないのだから」と。このことをいろんなひとに振ってみましたが、「本当にそうなんだよ」とだれもが首肯《しゅこう》します。ちなみに、単純労働に必要な資質は、じつは頭脳労働にも必要なんです。

だからこそ、欲しい人材をめぐって企業同士がしのぎを削《けず》る。一方に、むかしながらのソーシャルスキルを持つひとなら、頭脳労働が無理でも単純労働にまで枠を広げると仕事はいくらでもあるという現象があり、他方に、親の期待を受けて大学院まで行ったものの大企業が望む人間的資質を備えないひとには、単純労働を含めて仕事がないという現象があります。

単純労働ができても正社員になれないいんじゃ仕方ないじゃないかという反論もありえますが、労働市場が正規と非正規にわかれているのは日本だけ。でも「正規は年功序列と終身雇用を含意し、非正規は社会保険もつかないことを含意する」などという状況は今後続きません。セーフティネットを張った上で解雇が自由にできる社会にどのみちなるんです。

●高学歴ワーキングプア問題に物申す

東　僕は「高学歴ワーキングプア」と言われている世代にあたり、実際に大学院重点化政策のおかげで博士号をもらった人間のひとりです。高学歴ワーキングプアの苦労を訴えているひともだいたい僕と同じ世代だから、理系文系のちがいはあれ、実情はわかります。

しかし実際には、問題は一〇年以上前から、つまりそこで苦労を訴えているひとたちが大学院生のときから、明らかだったんですよ。去年まで二〇人の定員だった大学院が今年から平気で六〇人になる、そういうことが目の前で平気で進行していた。そんなときに、博士課程に進んだら就職できるはずだと本気で考えていたのだとしたら、それは愚かか世間知らずかどちらかです。

大学院重点化政策によって、日本学術振興会の特別研究員の採用枠も拡大されました。僕も特別研究員を五年間やっています。博士課程学生で月二〇万円、博士号取得後は月四〇万円の給料をもらえる制度です。僕はその間に、現代思想一本ではとても生きていけないと思ったから、『動物化するポストモダン』（講談社現代新書、二〇〇一年）を書き、いまの地位を固めました。そういう猶予《ゆうよ》を与えてくれた点で、日本学術振興会には感謝しています。しかしそれは、裏返せば、当時僕と同額の給料をもらっていたはずの、同世代の数千人はなにをやっていたのかということなんですね。

僕は理工系についてはよくわかりません。彼らはもしかしたら、安月給で使い倒されて過労状態で、特別研究員に採用されてもなんの自由もなく、キャリアパスの再編なんて思いもつかない状況なのかもしれない。またいまでは状況がちがうかもしれない。だからその点は留保します。けれども同世代の人文系や社会科学系にはあまり同情する気が起きない。彼らはかなりの猶予期間を与えてもらったはずで、文系諸学部の崩壊も目に見えていたはずです。それなのに、どうしてあんなにのんびりしていられたのか。

宮台 先ほど僕が申し上げたジョブマーケットの現状と、東さんがおっしゃる高学歴ワーキングプア現象には、共通点があります。東さんは「そういうことはみんな知っているはずだ」と言う。僕もまた、先ほどのようなことをいろんなひとに言うと「それはみんな知っていることだよ」と言われます。どちらも現場ではよく知られた話なんですね。

ところが、論壇やその周辺だけでなく、本でも雑誌でもまったくちがった話になっています。いわば「裸の王様」状態。「王様は裸だ」とみんなは知っていて、子どもだけがそれを口にする。でも、いまはそんな子どもさえいない状態です。その結果、僕が危《き》惧《ぐ》するのは、「王様がホントに服を来ている」と思い込むような輩が量産されることです。

とはいうものの、僕たちがこういう話をここでしているくらいだから、いまは転機かもしれないですね。いまや大学院に行くこと自体が、まことに勇気のある選択になりました。

東　それは僕のときから既に言われていました。

宮台　アメリカやドイツだと、大学院と企業を行き来するようなシステムがありますよね。このシステムがあれば、大学院に行くたびに会社との契約条件を好転できるので、生涯賃金は確実に上がっていく。そういう欧米モデルが、大学院重点化政策の背景にあったということなんでしょうかね。

東　そんな立派なものじゃなかったと思います。一九九〇年代の大学院重点化政策、通称「ポスドク一万人計画」は、その名のとおり数値目標が独り歩きしていて、とにかく博士一万人を送り出そうというものでした。ヨーロッパやアメリカと比べると日本は博士号の人口比率が少なすぎるから乱発しようというもので、収入が少ないから紙幣をいっぱい刷ろうというような理屈です。まったくバカげているし、そのことは当時院生の間でも話題になっていた。だから高学歴ワーキングプアは、ぜんぜん新しい問題ではないのです。問題なのは、むしろその自明の環境の変化を前にして、無為無策だった一人ひとりです。

ポスドクは税金で月四〇万円を三年間保証されている。いまはもっと給料が上がっているかもしれない。事業仕分けで文句も言われるはずです。僕は研究者に厳しすぎかもしれませんが。

●子は無意識を学ぶ

東　ところで、ツイッターは娘が大人になる頃にはぜんぜんちがうサービスに変わっているでしょうし、僕自身は娘を研究者にするつもりもあまりないので、話題をもういちど子育てに戻したいと思います。

ここまで宮台さんの教育観をうかがってきたのですが、結論としてどういう教育が望ましいんでしょうか。

というのも、ここまでの話だと、教育方針は要らない、なぜならばそれは親の能力によって決まってしまうから、という結論になる気がするのです。親がコミュニケーション能力を持っていれば、自然に子どもにもコミュニケーション能力は移るだろうと。宮台さんが『14歳からの社会学』（世界文化社、二〇〇八年）他で用いている言葉を使えば「感染」になりますが、しかし「感染」は教育で引き起こせるようなものではないのだから、話は絶望的になる。

宮台　絶望的であるがゆえに、どのみち分断は進んでしまいます。それ自体は仕方ありません。分断が進む場合、もちろんソーシャルスキルの高い側が少数派になります。僕たちの課題になりうるのは、どれだけ少数派の規模を大きくできるかということと、どれだけの速度で少数派の数を増やすことができるかということだと思うんですね。

その観点から、感染問題について述べますと、最近子どもと接していて気づいたことがあります。あたりまえのことですが、叱ったり忠告をしたりする場合、子どもはテクストレベルで学ぶのみならず、コンテクストレベルで学ぶのだということです。つまり、内容のみならず、形式というか、伝達のやり方も真似るということです。

たとえば、僕が娘を叱ります。すると、僕がいないところで、娘は他の子に対して同じように「叱って」いるんですね。妻から聞いて、なるほどと思いました。僕が「そんなことばかりやるんだったら、もう遊ばないよ」と叱ります。すると、もう翌日から、他の子に「そんなことするんだったら、もうあーそばない」とか言いまくっている（笑）。

つまり、僕のコミュニケーションの形式を学んでいるわけです。これはすごいことだなと思いました。だから、説教したり、アドバイスしたりするときには、その内容ではなく、むしろ、どういう形式をとっているかのほうが、はるかに重要かもしれないんです。そのことを弁えていない幼稚園や小学校の先生が多すぎるんじゃないでしょうか。

東　それはわかります。コミュニケーションの内容はいくらでも意識でコントロールできるけど、形式はコントロールできない。ところが子どもはじつは、親の意識ではなく無意識をこそ見て学習している。

宮台　そうだと思います。でも、無意識とはいえ、他者から指摘されればある程度までは自覚できます。妻には、「遊ばないよ」を含めて、ネガティブサンクション（制裁の言葉）を提示するときに気をつけてほしいと言われています。それを子どもが完璧に学んで反復するからです。そういう制約が加わって、コミュニケーションを工夫するようになりました。

つまり、内容と形式のウォッチングを絶えず同時にやるようになりましたね。僕の場合は、妻がモニターしてくれるので、かろうじてできるわけですが、そういう機会の有無を含めて、じつは分断や格差が生じている可能性があります。それが「階級的」かどうかはともかく、家族文化として伝承されるか否かが大きなちがいをもたらすなにものかだと思います。

東　うちの娘も、話し方がとても僕に似ているんです。単純に口調を真似ているというだけではなくて、話す形式というか、順番を表面だけ真似ている。具体的には、なにかを話すときに、「これはね、こうなの。だから、こうでしょう。だから、こうなの。いい？　わかった？」とか言う。これは完全に僕の講演会での語調そのものなんです。しかも困ったことに、親に怒られても、それはそれ、あれはあれで、受け流す作法まで学んでいる。僕のコミュニケーションのパターンだけを忠実に学んでいるんですよね。

宮台　東さんが奥さんから叱られたときにどうふるまうかが大事なんですよ。そのことが、娘さんが東さんに叱られたときにどうふるまうかを決めるんです。僕はよく妻から間違いを指摘されますが、ちょっと前までは「子どもの前で間違いとか指摘するなよ」と言っていたんですが、最近は「間違いを指摘しまくってくれ」となりました。

東　そしてちゃんと反省して謝ると（笑）。

宮台　そう。すると娘は「パパの言うことはいつも間違っているんだねぇ」と言うわけです。これはすごくいいことだと思います。「パパは間違っているけど、一生懸命言ってくれてる」という理解になる。僕が間違いの言い訳をしようとすると、「パパも一生懸命なんだよね」などと同情してくれるわけです。それでむしろ言うことをきいてくれるんです。

つまり内容が正しいかどうかより一生懸命に言っているところに感染してくれる。こうした感染は両親が協力しないとできません。妻が子どもにコッソリ「パパは間違ってるけど、一生懸命なの」と言ってくれるんです。子どもは全形式を真似るから、なにを言うよりもどう言うかが大事なのだと、最近つくづく思います。感染ってそういうことですから。

●コミュニケーション能力は教育できるか

東　実際、子どもを育てていると、教育とは何なのかあらためて考えてしまいますね。

ルソーは『エミール』で、幼い子どもに無理にラテン語を教えても意味がない、子どもは育つようにしか育たないと言いました。それはたしかに真理を衝《つ》いている。子どものもともとの傾向と環境との相克《そうこく》で性格が決まるわけで、だから性格はいろいろ変えられるけれども、傾向のほうは曲げようと思っても曲がらない。しかも、曲げようという意志そのものが直接には伝わらない。

親は子どもにじつにたくさんのことを教えます。けれども、子どもが本当に学ぶのは、僕が教えている内容ではなくて、僕の形式、僕の無意識なんですね。そしてそれは親自身にとってはもっとも見えないものであったりする。だからこそ逆に、親にとっては子どもは勝手に育っていくようにしか見えない。そこでは本当は「親の無意識と子どもの無意識の共同作業」が起きているのだと思います。

また、これは別の話になるかもしれませんが、子どもを持つと、人間の「平等」とはなにか、本当に真剣に考えてしまう。むろん平等など虚構であるとは前からわかっていたのですが、子どもができると、良い意味でも悪い意味でも、平等なスタートなどありえないということがあらためてわかる。

宮台　ならば平等理念はなくてもいいかというと、それがなければ社会は崩れてしまう。

東　その通りです。だから逆に、平等の理念は強い意志がないと守れないということがわかるわけです。

それにしても、親から子にコミュニケーション能力が無意識に伝わっていく、というのは、それはその通りなのでしょうが、あらためて絶望的というか、どうしようもない話ですね。結局、親は、子どもをより良く育てるためにはまず自分のコミュニケーション能力を磨きましょうという結論になるのでしょうが、それはそもそも自分で磨けるものかどうか。

宮台　でも、自分で磨くしかないですよ。

東　とはいえ、いままでの宮台さんのお話だと、そこで「ひとと話を途切れさせないための何ヶ条」みたいな本を読んでいる人間は、もうその時点でアウトということになるわけでしょう。

コミュニケーションの能力は自分で磨くのは難しい。それはマニュアルで身につくものではない。にもかかわらず、僕たちの社会は、コミュニケーションの能力を経済的利得に、あるいは社会的名誉に変える方向にどんどん向かっている。いままでならば職場の人気者どまりだった人間が、ツイッターがあると会社の外でも名望を調達できるようになる。そういう事例は無数にある。そういう社会が到来しているとき、その肝心《かんじん》のコミュニケーション能力というのは、あまりにも基礎的かつ全人格的なものなので、学校で教えることも、親が意識的に教えることもできない……。

ここまで話を進めてきて、ようやく問題がクリアになってきた感じがします。三〇年くらい前までの産業資本主義社会あるいは前期近代社会——呼び名はなんでもよいですが——においては、労働者が売るのは技能であり知識だった。そして知識や技能の差は、公教育で埋めることができる。ところが、情報資本主義あるいは後期近代社会あるいは再帰的近代社会[*17]に入ると、コミュニケーションの能力が直接に資本に結びつくようになる。そしてその傾向はネットの普及によってますます加速し全面化している。

ところが、その肝心要のコミュニケーション能力は、その定義上、教育になじむものではない。少なくとも、学校で四〇人に向かって、講義で教えられるようなものではない。とすると、どうすればいいのか。それがこれからの社会あるいは教育の課題ということになりますね。

宮台　しかし、近代公教育とはそもそも、家族ごとに、あるいは生まれによって異なるリソースの多寡を中和することに役立つ、共有財のことでしょう。リソースの多寡が、

市場自体が小さい人文書

知識や技能から、コミュニケーション能力にシフトするのだとしても、やはりそこにある程度期待するしかないことはたしかです。

家族ごとにコミュニケーション能力を養うのに役立つリソースにちがいがあって当然ですが、社会でコミュニケーション能力の多寡が重要になればなるほど、従来の学校教育がそれを補完しないのであれば、今後の学校教育がそれを補完できるものに変わる必要が出てきます。つまり、感染体験の多寡を補完できるようなものに変わる必要があるんです。

僕が過去に書いた本をお読みいただければわかるんですが、僕が「ゆとり教育」の推進に関わっていた文脈は、そうしたものです。知識や技能の多寡を学校が補正するのに加えて、感染体験の多寡を学校が補正するんです。ちなみに、重松《しげまつ》清の一連の学校小説は、たまにそういう補正機能を果たす先生がいると、周りに感染の輪が広がることを描きます。

東　うーん。しかしそれは、たまたま良い先生がいた、という幸運でしかないですよね。

家庭でコミュニケーションの「感染」を調達できないなら、良い先生にあたることを期待するしかない。もしくは、たまたま近所に良いおじさんがいることに期待するしかない……。

宮台　でも、それを共有財化していくしかないですよ。

●学区的共同体の再構築

東　最近、若手建築家の藤村龍至《りゅうじ》さん[*18]から聞いたのですが、日本の建築の歴史においては、小学校の建築が重要らしいのです。

その話は、山本理顕《りけん》さんと藤村さんと僕の三人で鼎談《ていだん》したとき[*19]に出ました。まず山本さんが教えてくれたのですが、日本では「地域」という言葉をよく使うけれど、その実態として、日本の制度の中で近いものは「学区」ぐらいしかないらしいのですね。明治以降、地名や町名にはほとんどなんの意味もなくて、学区だけがかろうじてコミュニティとして機能してきた。そして続けて藤村さんが指摘したのですが、実際に日本の建築史を見ると、コミュニティをつくるときはまず学校をつくるのだと。ヨーロッパならば教会をつくるときに、日本では学校をつくる。前近代において共同体の中核だった寺社の機能が失われたあと、日本では学校は、教育機関であることに加え、共同体の核としての機能も果たしてきたわけです。

　しかし、先ほど宮台さんがおっしゃっていたように、現代の日本では学校はまったくその役割を果たさなくなっている。だからそれは教育の崩壊に止《とど》まらない、もっと大きな影響を社会全体に与えている。

　そもそも学校というのは、小学校が特にそうですが、子どもを介してさまざまな階級や職種のひとが出会いコミュニケーションをする場所でもあった。第2章で僕自身の経験としても語りました。そういう機能の復活については、どうお考えですか。

宮台　ひとつありうるのは、杉並区の和田中学校で藤原和博《かずひろ》さん*20がやっていたような、学校をベースに地域を巻き込む試みです。たしかに明治五年の学制改革以降、大日本帝国としては、村人を国民化しなきゃいけないので、村落共同体を学区的共同体によってオーバーライト（上書き）して、従来とは似て非なる境界線をつくるということをやってきました。

　しかも、先生と生徒の関係は、理想的な父と子どもの関係に重ねられ、さらにそうした理想的関係をもっとも理想的に体現するのが天皇陛下と臣民の関係だというように、同心円的に擬制された。それは一方では成功しましたが、他方で学区と無関係な自生的な地域性はなくなってしまったわけです。その学区的共同性も平成の代に崩壊していった。

ならば、学校をベースにもう一度地域性を再構築するべく、まず学校自体を組み替えましょうという藤原プランが出てきました。とても合理的だと思えます。藤原プランは、ひとくちで言えば、学校をハブにして――いわばネタにして――島宇宙同士をコネクトするというプロジェクトです。

「学校に花壇をつくります。地域で花壇づくりについて詳しいひとはだれですか」とか、「図書館に漫画を入れます。地域で図書館業務に詳しい人はだれですか、漫画について詳しい人はだれですか」というふうに、異なるトライブに属する地域の大人たちを学校に入れ、彼らが持つ知識をベースにして学校に参加してもらうことで、たがいをコネクトする。

単なる事務的な参加ではなく、どんな参加形態が子どもたちの幸福に繋がるのかを大人同士がコミュニケーションして考える。それだけじゃなく、子どもたちの幸福を知るために大人が子どもたちとコミュニケーションする。たとえば図書館での活動を通じて子どもたちと漫画について話す。かくして、失われた子どもと大人との斜めの関係が復活するんです。

●「斜めの関係」で地域再生

宮台　「斜めの関係」というのは、一九八一年に故・伊丹十三《いたみじゅうぞう》さんが責任編集人となって創刊した『モノンクル』（朝日出版社）という雑誌の創刊意図の説明で、伊丹さん自身が使った言葉です。モノンクルというのはフランス語で「僕のおじさん」ですね。縦の関係であるお父さんやお母さん、横の関係である子ども同士では言いにくいことが、おじさんには相談できるという。

機能的に言えば、大人たちのコミュニケーション圏に子どもたちが包摂され、子どもたちのコミュニケーション圏に大人たちが包摂されることで、子どもたちの間に共通前提ができ、かつそれを大人たちが観察できるようになることで、大人たちの間にも共通前提ができるということです。

このようにすると、総合的学習の時間のパフォーマンスレベルが上がります。「よのなか科」という形で、ニューハーフ、ホームレス、政治家などいろいろな大人を呼んできて、どんどんコミュニケーションをさせる。その活性度がどんどん上昇するわけなんですね。

蛇足ですが、そうすると、通常の意味での学力が上がってしまう。フィンランドは、グループワークの活性化によって、国際学力比較調査の順位を上昇させましたが、和田中学の生徒たちに同じテストをさせると、フィンランドレベルの学力を示すことが、東大の研究グループの調査でわかっているわけです。

ただ、そのことが広く知られることで、学力目当ての親たちが子どもを越境入学させるようになり、ますますみんなの学力が上がるという循環過程に入ってしまいました。入学させるために和田中学の近隣に転居してきたひとたちも少なくありません。こうして、皮肉なことですが、藤原プランの成功で、公立校なのにエリート校化してしまいました。

僕としては、藤原さんの試みの中で、グループワーク能力がさまざまなモチベーションのベースになっていることが実証されたこと、グループワーク能力の上昇には大人たちとの相互包摂的な関わりが役立つことが実証されたことは収穫でした。いずれにしても、地域再生のためのひとつの方法はそれです。

地域を放っておいたままで地域性が回復するということはもはやありません。地域再生にはパターナリズム（おせっかいな介入）が必要です。しかしそれは大人たちの自発性を引き出して増幅するような介入でなければなりません。そして地域の大人たちがかろうじて共通の問題意識をもって自発的に関われる領域というと、教育ぐらいしかないんです。

一言付け加えておくと、本田由紀さん[*21]が言うような、「専門性教育を重視するような社会になれば、ハイパーメリトクラシーは克服できます」という牧歌的な発想は、実証的な根拠もなければ理論的な根拠もないので、まったくダメだと思います。学校教育の問題を地域性の問題から切り離してしまえば、専門性はたいした意味を持たなくなります。

東　それは同感です。そもそも現代社会では、専門家という概念そのものが維持不可能になってきている。職業の変化のリズムがたいへんに速い。ある特定の領域の専門知識にしがみつき、それで三〇年、五〇年行けるというのは、終身雇用と同じく幻想でしかない。

宮台　その通りです。専門性という言葉で測られるのは、基本的に企業社会では、適応度ではなく適応能力です。あるいは学習度ではなく学習能力です。一定の期間でこれだけの専門性の到達度を示したということをベースに、企業が周辺分野で期待するグループワーク能力なのです。専門性をそうした文脈から切り離して独り歩きさせてはいけません。

＊1 『クローズアップ現代』「にっぽんの〝頭脳〟はいかせるか――苦悩する博士たち」（二〇〇七年七月三日放送）

＊2 **ポスドク制度** ポスドクは博士号（ドクター）を取ったあとに任期制の職に就いている研究員のこと。日本では一九九〇年代以降、旧文部省の大学院重点化政策により、大学院の定員が急激に増加した。それと軌を一にして、科学技術基本計画の一部として、ポストドクター等一万人支援計画を実施。博士号取得者を一万人創出するために、期限つき雇用資金を大学等の研究機関に配布した。

＊3 **QC（クオリティコントロール）サークル運動** 同じ職場の中で品質管理活動を自主的におこなう小グループ活動。この活動を通して、全員参加で職場の管理、改善を継続的におこなう。

＊4 **鈴木謙介**（一九七六― ） 社会学者。関西学院大学社会学部准教授。専門は理論社会学。学部時代より宮台真司に師事。TBSのラジオ番組「文化系トークラジオ Life」でメインパーソナリティを務めるなど、アカデミズムの外でも多彩な活動を繰り広げている。著書に『ウェブ社会の思想』（N

HKブックス、二〇〇七年）、『サブカル・ニッポンの新自由主義』（ちくま新書、二〇〇八年）など。

＊5 **西田亮介**（一九八三―　）独立行政法人中小企業基盤整備機構リサーチャー。東洋大学経済学部非常勤講師。慶應義塾大学政策・メディア研究科後期博士課程在学中。宮台ゼミにも参加。専門は非営利組織論、地域活性化論。論文に「〈社会〉における創造を考える」（『思想地図』第二号）など。新しい書き手の発掘とメディアのハブをつくるプロジェクト「.review」を主催している。

＊6 **第四空間**　家でも学校でも地域でもない、親や教師の目が届かない空間を指す宮台真司の造語。街やストリート、仮想空間など。

＊7 **濱野智史**（一九八〇―　）株式会社日本技芸リサーチャー。慶應義塾大学大学院政策・メディア研究科修士課程修了後、国際大学グローバル・コミュニケーション・センター研究員を経て現職。専門は、アーキテクチャ・デザイン（情報環境設計）の分析。著書に『アーキテクチャの生態系』（NTT出版、二〇〇八年）など。

＊8 **音羽お受験殺人事件**　一九九九年に東京都文京区音羽で発生した幼女殺害・死体遺棄事件。一九九九年一一月二二日、東京都文京区音羽にある音羽幼稚園で、同園に通園している男子児童Aの妹が行方不明になった。事件から三日後、同園に通園している男子児童Bの母親が被害者の絞殺と死体遺棄をしたとして自首し、逮捕された。事件の舞台が、小学校受験者の多い幼稚園だったこともあり、マスコミは「お受験」との関連から殺害の動機を報じた。

＊9 **佐々木俊尚**（一九六一―　）フリージャーナリスト。杉並区住基ネット調査会議委員、情報ネットワーク法学会会員など。近年は、電子書籍分野の議論の牽引役として注目を集めている。著書に『ブ

ログ論壇の誕生』(文春新書、二〇〇八年)、『電子書籍の衝撃』(ディスカヴァー携書、二〇一〇年)など。

*10 **シスオペ** 「システムオペレーター」の略語。パソコン通信サービスの電子掲示板など、フォーラム全体の運営者・管理者のこと。

*11 **ジョージ・ハーバート・ミード**(一八六三―一九三一) アメリカの社会学者・哲学者。社会心理学の創始者であり、著書『精神・自我・社会』(稲葉三千男ほか訳、青木書店、二〇〇五年)では、社会における人間の自我形成の過程を論じる。

*12 **キャス・サンスティーン**(一九五四―) アメリカの法学者。シカゴ大学教授。憲法、行政法、環境法、行動主義的法と経済学、法学入門などの講義を担当。合衆国司法省の The Office of Legal Council 勤務時代は、ウクライナやポーランド、中国、南アフリカ、ロシアなど多くの国の憲法制定と法律改革活動に携わった。

*13 **タルコット・パーソンズ**(一九〇二―一九七九) アメリカの社会学者。機能主義を代表する研究者。主著に『社会的行為の構造』(稲上毅ほか訳、木鐸社、一九七四―八九年)、『文化システム論』(丸山哲央訳、ミネルヴァ書房、一九九一年)など。

*14 **ベーシック・インカム** 最低限所得保障の一種。就労や資産の有無にかかわらず、政府がすべての個人に対して、生活に最低限必要な所得を無条件に給付するという社会政策の構想。

*15 『クローズアップ現代』「〝助けて〟と言えない――いま三〇代に何が」(二〇〇九年一〇月七日放送)

*16 **堀内進之介**(一九七七―) 首都大学東京大学院博士後期課程在籍。専門は、政治社会学・歴史社

会学。現代位相研究所首席研究員。宮台真司・鈴木弘輝との共著に『幸福論』（NHKブックス、二〇〇七年）がある。

＊17 **再帰的近代社会** イギリスの社会学者アンソニー・ギデンズ（一九三八― ）やドイツの社会学者ウルリッヒ・ベック（一九四四― ）らによって提唱された理論。ギデンズは、みずからの行為やふるまいに関する知識や情報が、その行為の根拠を検討し直すための材料として活用されることを「再帰性」と呼んだ。こうした再帰性が浸透した再帰的近代社会では、社会の予測可能性やコントロール可能性は掘り崩されていくことになるという。

＊18 **藤村龍至**（一九七六― ） 建築家、藤村龍至建築設計事務所代表取締役。東洋大学講師、東京理科大学非常勤講師。TEAM ROUNDABOUT 共同主宰。「批判的工学主義」「超線形設計プロセス論」などの新しい設計理論は思想界からも注目を集めている。作品に《BUILDING K》《UTSUWA》など。論文に「グーグル的建築家像をめざして」（『思想地図』第三号）など。

＊19 山本理顕ほか『地域社会圏モデル』（INAX出版、二〇一〇年）に所収。

＊20 **藤原和博**（一九五五― ） リクルート社などを経て、東京都で義務教育初の民間人校長として杉並区立和田中学校の校長に就任（二〇〇三年四月～〇八年三月）。体験型授業「よのなか科」の創設や、進学塾と連携した課外授業「夜スペ」の開講など、新たな教育実践が話題を呼んだ。

＊21 **本田由紀**（一九六四― ） 東京大学大学院教育学研究科教授。専門は教育社会学。著書『多元化する「能力」と日本社会』（NTT出版、二〇〇五年）では、コミュニケーション能力や生きる力など、定義や測定基準があいまいな能力が個人を評価する対象となり始めている現代の日本社会を「ハイパ

ーメリトクラシー社会（＝超業績主義）」として批判的に分析するとともに、その対抗策として専門教育の復権を唱えている。

第4章

コネ階級社会の登場

——民主主義を考える

●運命の出会いと必然性信仰

宮台真司　ここまで子育て環境や教育問題についていろいろと話してきましたが、それ以前の家族形成に関する問題として、若いひとたちの結婚に対する敷居が高くなっていています。なぜかというと、性愛に関する敷居が高くなっているからです。たとえば、どうやって異性とお近づきになればいいのかわからないというひとが多い。その敷居を下げないといけません。

僕が男子学生に言うのは、「女の子と仲良くなる力」と「子どもと仲良くなる力」はよく似ているということ。子どもと仲良くなる力があれば、その男子は頭を切り替えれば一瞬で女の子とも仲良くなれます。これは経験的に間違いないと感じます。逆に言うと、子どもからは好かれまくるのに、女の子からまったく好かれないという事態は、想像できない。

東浩紀　お前ら若い頃にもっと修行しておけ、みたいな話ですか（笑）。

宮台　その通り。

東　そもそも子どもをつくると、近所づきあいをはじめ、あたりまえの社交性が必要になる。親としてちゃんとふるまわないといけない。俺は引きこもって趣味に没入するよ、というわけにはいきません。

ただ、どうでしょう。これはここまでの対談での宮台さんの立場と僕の立場のちがいに直結する話かもしれませんが、僕は他方で、そういう能力が自分にあるのかどうかを必要以上に深刻に考える必要もないと思うんです。

もちろん宮台さんがおっしゃったように、いまの日本にはもともと能力のない連中がたくさんいる。それはそれで問題ですが、しかし実際には、能力があるのに、能力がないと勘ちがいしているひとも多いのではないか。普通に異性とつきあえばいいだけなのに、「いやあ、運命のひととか現れないじゃないですか」とばかり言っているような(笑)。

宮台　昨今になるほど性愛の初心者に目立つようになった「必然性信仰」。かつてはそれほどでもなかったんですが、僕の文章なんかを引用して「結局あの子も入れ替え可能だ」などとホザく男子が増えました。僕の『サブカルチャー神話解体』(増補版、ちくま文庫、二〇〇七年)などを読み込めば、入れ替え不可能性は関係の履歴によってつくり出すしかない、すなわちコミュニケーションを重ね、関係性を深めることによってしか唯一無二のパートナーは見つからないものだと書いてあるんですが。

東　流動性の高い現代社会だからこそ、運命の出会いを求めてしまうんですね。そのせいで本来あるはずのコミュニケーション能力が無駄になっている。僕はむしろそちらが問題だと思います。

宮台　僕はかつてテレクラや伝言ダイヤルを調べて「必然性信仰」が生まれる背景を理解しました。人口学的には性愛のパートナーとなりうる存在は日本だけでも数千万人はいます。自分の居住地から半径五キロ圏内だって都心だったら万単位はいる。合理的に考えれば、目の前の相手よりも良い相手がいるに決まっていて、必然性を感じるのは無理です。

でも、このことに固執すると「ホームベース」がつくれないので、関係の履歴によって入れ替え不可能性をつくり出すこともできません。「ホームベース」をつくることは、偶発性に抗《あらが》って「決断」することと同義です。必要な「決断」を「必然性信仰」によってスポイルするのは、論理的に間違いです。こうした袋小路に入り込んだひとが多すぎます。

東　その通りですね。そもそもそんなことを言ったら、自分がこの国に、この時代に生きているという必然性もない。死ぬしかないです。

宮台　死ぬ必然性さえないかもしれない（笑）。生きることにも必然性がなく、死ぬことにも必然性がない。そういうひとは、生きることにも死ぬことにも固執できないフワフワした状態になります。

東　人生の必然性は自らつくっていくものであって、そのためにはどこかで必然性に囚《とら》われない決断を下すほかない。だから逆に、いちど決断したからといって、それに囚われる必要もないはずなんです。ダメだと思ったら他の選択肢に切り替えればいいし、なんどもトライアンドエラーを繰り返し、そこそこのところで「これが自分の人生だったんだ」と必然性の思考に切り替えればいい。というよりも、人間にはそういう生き方しかできない。

　これはあたりまえのことですが、どうもいまの日本には「いちど失敗したらすべておしまい」みたいな思想が蔓延《まんえん》している。そしてその裏返しとして、運命信仰、必然性信仰といった「純粋主義」も根強い。しかし、子どもをつくるとは、まさにそういう純粋主義がフィクションであることを実感する経験ではないか。つまり純粋主義の外に連れ出してくれる経験なのではないか。というのも、第1章で述べたように、子どもを育て

ると は、こちらの流動性があちらの運命になってしまう、そういう落差を実感する経験の連続だからです。

そもそも子どもの誕生は、親にとっては本質的に偶然なはずです。いくら計画的に子どもをつくったと言っても、どの精子がどの卵子に受精するかなんてわからない。けれどもそれは子どもにとっては運命そのものです。子育てもまた、そのようなズレの積み重ねなんですよね。親が無意識に選択した行為が、子どもにとって必然になっていく。住居にしても学校にしても。

そういう経験はとても貴重だと思いますね。

宮台　テレクラ云々と言いましたが、ひとは「偶発性」にさらされるほど、「恣意性」を意識せざるをえなくなる。そして「恣意性」を意識せざるをえなくなると、動かない土台の上に自分を構築したがるひとほど「不安」になる。そして「不安」になるひとほど「必然性」を求めるようになります。

『サブカルチャー神話解体』に書きましたが、ひとを過剰な偶発性にさらすアーキテクチャに強いられる形で、偶発性に免疫がないひとたちがそうなってしまっているだけの話です。僕的に言えば、「必然性信仰」は、偶発性に免疫がないことを示すヘタレの証《あかし》です。要は、なにもかも偶発的でいいんです。なにもかも適当でいいんですよ。

東　そうですね。なにごとも適当だと割り切ったほうがいい。

これは宮台さんのほうがお詳しいですけれども、いまの若者の恋愛観、少なくとも一部の恋愛観は、一九七〇年代の少女マンガに見られた「純愛」への志向が、メディアを介してさまざまなジャンルに転移し、男性も巻き込まれてつくられたという履歴を持っている。平たく言えば、いまは男の子も女の子も運命の相手を待つようになっている。

これではどうしようもない。子どもなんてつくるはずがない。子どもをつくる必然性なんてありえないもの。

宮台　結婚といっても、ルームシェアしてホームベースをつくるのとあまりちがわない。たとえ「運命の出会い」で結婚しても、やがてルームシェアの感覚に近づきます。別に悪いことじゃない。そうなってこそ「決断」の真骨頂が問われるわけですよ。

●バックドア問題

東　話を育児に戻したいのですが、性差についてはどうですか。といっても、僕たちはともに娘しかいないわけですが……。

というのも、どうもこの対談では、「結局はなるようにしかならないよ」的な発言がふたりとも多いですよね（笑）。しかしこれは、宮台さんと僕がともに男性で、おまけに娘を持っているからなのではないかとも思うんです。実際、僕は子どもが息子だったならば、もう少し自信を持って「こういうふうに育てるべきだ」と言っていたような気もする。

それが女の子だとよくわからなくなるのは、その善し悪しとは別に、またその現実を追認するのが政治的に正しいことかどうかとも別に、結局はいい男をつかまえちゃえばなんとかなるのかも、というバックドアがそこに見えてしまうからなんです。

宮台 たしかにバックドアはありますね。

東 ありますよね。実際、「お受験」にしてもコミュニケーション能力にしても、女の子の場合、結局はそのバックドアの実現のためであることが多いわけですよ。というか、僕たちは言論人だからまだ特殊なのであって。そういう感覚のほうがいまだ普通ですよね。

それで、そういうバックドアがある人生って、僕はどうも感覚的によくわからないわけです。だから、女の子をどう育てるかもわからなくなってしまう。娘を見ていて素朴にそう感じるんですが。

宮台　東大や早慶に入り、高学歴なので周囲の期待を受けて、それが当然だと思って「いい会社」に入り、キャリアビルディングに強くコミットした結果、婚期を逃すケースが多くありますね。若い女性たちの結婚願望と専業主婦志向が両方上がっていることの背景要因のひとつに、そうした先輩たちについての話をどこかで聞いているということがあるでしょう。

僕がむかしから「なんで結婚しないの？」と二〇歳代後半以降の女の子に一貫して言いまくるのは、そのことが背景にあります。「五年前だったら結婚市場での価値がまだ高かっただろうに、この五年間このひとはなにを勘ちがいして、いま頃になって相手が見つからないとアタフタしてんだ」みたいな、「加齢による市場価値激減問題」に直面する高学歴女子が多すぎます。

東　とても難しい問題です。

女性一人ひとりがどんな人生を選ぶか、どれが良い人生かという判断とは別に、現代社会の現実として「結婚」というバックドアは厳然として機能している。むろん男性の場合も、いい女をつかまえて一生安泰というバックドアはありうるけれど、いまのところはかなりレアなケースで、それを想定して生きている男性は無視できるほどに少ない。ここには歴然とした差異がある。女子を育てる場合、親はバックドアを考えながら育てざるをえない。それがリアリズムです。

宮台　ところが、バックドアは年齢とともに自動的に鍵がかかるか、バックドアから出てももはや荒野しか広がっていない。「加齢による市場価値激減問題」を意識せずに子どもを育ててしまった親たちに問題があります。僕や東さんはそれを意識しながら育てるので、バックドアの鍵が自動的に閉まるのを知らないで頑張る子なんかにはならないでしょう。

東　それもリスクヘッジだと考えればいいのでしょうけど。

第2章で言ったように、学歴もリスクヘッジです。であれば、いい学校に入れて安心するのと同様、バックドアも閉ざしてはダメということになる。

宮台　でも東さん。僕がいろんな講演で言ってきていることですが、いまもっとも必要なリスクヘッジは人間関係に関するものです。日本で若い世代にどうして結婚しないかを尋ねると経済的不安を筆頭に挙げます。ところが先進国標準では、経済的不安ゆえに結婚するんですよ。つまりひとりじゃ暮らせないから結婚する。ルームシェアリングと同じ方向です。

これは示唆的です。僕は「ホームベース無自覚問題」と呼びます。まさに「チャレンジするにも余裕から」。帰る場所があるから頑張れるんです。仕事に失敗しても感情的安全を回復でき、承認をもらえる場があるからこそ、失敗を恐れず突き進める。仕事上の真のリスクヘッジは、信頼できるパートナーを見つけることを含めたホームベース形成能力です。

たしかに学歴はある時期までは非常に重要なリスクヘッジツールだったと思うけど、いまは学歴がいくらあったって、「寄らば大樹」の大樹さえどのみち中国に追いつかれるような産業領域にしか残っていませんから、就職した大企業の企業寿命は短く、やがて失職します。学歴と人間関係のどちらが有利なリスクヘッジツールかは、もはや明らかです。

これは本田由紀さんの言うハイパーメリトクラシー以前の問題です。本質的にはモダン・タイムス的なフォーディズム[*1]の時代から変わらないんですね。順序から言えば、こうしたホームベース形成能力がないがゆえに、不安ベースで右往左往し、強く叱られるとへコんだり激昂《げっこう》したりするような、企業から見てまったく使えない人材になってしまうわけです。

結局、女の子だけじゃなく男の子にとってもバックドア問題は重要です。わかりやすく言えば「困ったときに助けてくれるひとがいるかどうか」なんです。「だれかに助けてもらえるかどうか」は「だれかを助けてあげられるかどうか」と表裏一体です。「愛されるかどうか」は「愛せるかどうか」と表裏一体です。

シンプルと言えばシンプルなことで、「自分が幸せになろうと思えば、ひとを幸せにするしかない」「ひとを幸せにできる人間しか、幸せにはなれない」という基本公理です。愛されるというのは媚《こ》びることじゃない。媚びてもひとを幸せにできませんから。

●おひとりさま志向という錯誤

東　まさにその通りです。

そういえば最近、詩人兼社会学者の水無田気流《みなしたきりう》さんが『無頼化する女たち』（洋泉社新書y、二〇〇九年）という本を刊行して、その刊行記念で宇野常寛《つねひろ》くん[*2]とトークショーをおこないました。「無頼化せよ、女たち」というタイトルで活字化されています。[*3]
そこでは、まさに僕たちがいま話題にしている、結婚をリスクヘッジだと捉えている女性たちが批判対象にあがっています。水無田さんは「昭和妻」という言葉で呼んでいます。

基本的には水無田さんも宇野くんもいいことを言っています。しかしその上で言うと、彼らが人生の理想に掲げているのは、あらゆる共同体からの退出可能性であり、配偶者にも家族にも友人にも決定的に頼らずにリスクを分散する生き方なのですね。「無頼化」とはそういう生き方の謂《い》いなのですけど、僕は微妙に違和感を持つんです。

というのも、たとえだれひとり助けてくれなくとも、それでも自分ひとりで生きることができる能力を磨く。それを人生の目的にするのは、大きく間違っていると思うからなんです。

宮台 それはまったくの勘ちがい。もっとも重要なリスクヘッジはひとり寂しく死ななくてすむための関係性を、二重にも三重にも構築しておくことです。そんなことは自明すぎます。

東 けれども、若い世代の間ではそういう議論が強い。

宮台　結論ははっきりしていて、「ひとりきりになっても経済的に困らないように独り立ちしさえすれば……」なんてのは、社会が経済的に順風満帆《じゅんぷうまんぱん》だった時代の、単なる甘えです。甘え以前に、単なる馬鹿だと断言していいでしょう。経済的自立は大切だけど、経済的困窮に陥《おちい》ったときに支えになる人間関係があっての話でしかありません。

東　そうですね。

しかし、単なる若者の錯誤では片づけられないところもある。というのも、上野千鶴子さんのベストセラー、『おひとりさまの老後』（法研、二〇〇七年）が、世代のちがいにもかかわらず似た主張をしているように思うからです。むろん、上野さんも水無田さんも宇野くんも、表面的には共同体の多様性や相互扶助の価値を賞揚《しょうよう》するわけです。しかしその背後にあるのは、徹底した不安なんですね。いつひとりになってもいいように、あらゆるところにコミュニケーションの回路を張りめぐらせておこう、というリスクヘッジ。そこでは家族への信頼は、むしろリスクを高めることとして警戒の対象になる。件《くだん》の水無田・宇野対談でも、最近家族に精神的意義を感じるひとが増えてきたが、その傾向は「ヤバい」と断言されています。ふたりがこの対談本を読んだら、やり玉に挙げられるかもしれません。

多少文学的に言うと、その光景は、団塊世代の上野さんから団塊ジュニアの水無田さんへ、そしてその下の宇野さんへと、核家族への呪いみたいなものが受け継がれているようにも見えます。

ちなみに、これは僕の小説『クォンタム・ファミリーズ』（新潮社、二〇〇九年）のテーマでもあるんですね。「クォンタム・ファミリーズ」というのは「量子家族」という意味。核家族すらつくれない団塊ジュニアの主人公が、並行世界をめぐって家族の再建を試みるSF的な話ですが、どうも団塊世代以降、僕たちはまともに家族すらつくれなくなっている気がするのです。選択制夫婦別姓問題などが現れると「家族の再建」を訴える保守的言説ばかり盛んになりますが、それも明らかに空回りしている。

●上野千鶴子現象

宮台　僕は縁があって沖縄を取材することが多いけど、沖縄には基地に土地を貸している地主がいて、彼らは年間に何千万円という軍用地借料を防衛施設庁からもらっています。だから軍用地地主とそうでないひとたちの格差がとても大きい。地主は爺さん婆さん世代なので、世代間の所得格差もじつはものすごい。でも沖縄ではそれが問題にならない。なぜか。

軍用地地主に門中《ムンチュウ》（血縁集団）の親族がぶらさがるからです。若いやつもぶらさがっている。コザ（沖縄市）に行くと中高生の少年ギャング団がいますが、この連中がどうやって金を工面するかといえば「オバアの軍用地借料だよ」と言います。軍用地借料の親族的再配分はここまで及ぶのです。他方、本土では格差問題が世代間闘争として顕在化しています。

世代間格差が問題視されるのは世代間のゼロサムゲームとして主題化されているからです。血縁主義の沖縄ではそうはなりません。オバアの軍用地借料はウィンウィンのプラスサムなんです。世代間のゼロサムゲームを自明視している点で、『おひとりさまの老後』は完全にアウトオブデート（時代遅れ）です。

東　かつていちど書いたことがありますが、[*4]『おひとりさまの老後』はその点では問題含みの本です。あそこで上野さんが記しているのは、要は、団塊世代は子どもに財産を渡す必要はない、彼らをこれ以上依存させる必要はない、自分たちで楽しんで使い切って死んでいいのだ、という自己肯定です。そう言いたい気持ちはわかる。しかし、それは明らかに世代間対立を煽《あお》っている。というよりも上野さんとしては、別に団塊ジュニアがどう思おうとどうでもよかったのでしょう。そういう切り捨ての意志を感じる本です。

上野さんは日本ではフェミニズムの代表と見なされていますが、彼女独特の強迫観念的な個人主義は、フェミニズム本来のものかどうか疑問です。そしてそれは、明確な理論としてというよりも、曖昧な「気分」として下の世代に継承されている。女性としての自立は家族への依存と矛盾すると、なんとなく思われている。しかし、それが男性であろうと女性であろうと、他人への依存を否定するところに新しい社会の構想が生まれるはずがない。

宮台　『おひとりさまの老後』は典型的な「いいとこどりの発想」です。ひるがえって考えれば、絆は絆コストとともにしかありえません。相互扶助は依存の危険とともにしかありえません。依存を全面的に拒絶すれば自立が得られるかというと、それはちがいます。「チャレンジするにも余裕から」と言いましたが、帰還場所たるホームベースがあってこそ戦えるんです。

ホームベースにおいては、チャレンジならざる依存や森ガール的なものが、歩留《ぶど》まより的に生じます。でも、それもホームベースのつくり方によります。上野さんの場合、他の団塊世代ご同様、ご自身の家族的トラウマから来ているから、責めても仕方がない。やっぱり読者の問題です。上野さんの本にトラウマを感じない人は、読者リテラシーに欠けます。

東　とはいえ、ベストセラーです。上野さんと同じトラウマを共有していなくても、共感してしまう層がいたということでしょう。

宮台　僕は上野さんの周りにいる団塊おばちゃんたち的取り巻きもそれなりに見てきました。そこにはたしかにトラウマ共同体があります。それが上野さんをずっと支えてきた。それは事実です。でも『おひとりさまの老後』については、トラウマ共同体に共感する読者層プラス、ひとり寂しく死ぬことに対する不安を抱えた層も読者として加わっています。

つまり「自分はひとりで生きるしかない、どうしたらいいんだろう、そうか、『備えあれば憂いなし』なんだな」というひとたちがいて、それは必ずしもトラウマ共同体の団塊おばちゃんとは重なりません。でも、現実には「備えあっても憂いあり」なんだよね。それが「ひとり寂しく死ぬ」という問題です。その解決策が、シングル女性同士でルームシェアですか。ちょっとお笑いだな。

東　僕がこの問題が深刻だと思うのは、上野さんは個人主義者だからいいとして、多くの読者には現実に夫がいて、子どももがいるわけでしょう。そこで『おひとりさまの老後』を読んでふんふん頷《うなず》いているのもどうなのか。彼女たちは一方で共依存による利得を長い間享受しておきながら、他方でそんな自分を引き受けられない、本当の人生は別にあったはずだと夢見ているところがある。

上野さんの本はその矛盾にぴたりと収まったのでしょうね。そういう感情を幼稚と言うと、言いすぎかもしれませんが。

宮台　幼稚そのものです。その典型が「金の切れ目が縁の切れ目」的な関係性です。夫が定年を迎えれば「はいサヨナラ」と妻が家を出ていく夫婦関係。こうした夫たちは、妻に貼りつく「濡れ落ち葉族」だと二〇年以上前から言われてきました。上野さん的枠組みだと「家父長制の下で甘やかされていた男たちが当然受ける報いだ」ということになります。

でも「ルームシェアというお笑い」問題は横に置くとして、馬鹿夫にはカウンターパートとしての馬鹿妻という問題が伴います。お前らこそが馬鹿息子や馬鹿夫を甘やかしてきたんじゃないか。もっと抽象的に言えば、家父長制の継続という社会システムの作動についての責任を男性に帰属させるのは、低水準の鼓舞《こぶ》ということは別にして、因果論的には倒錯です。

それらを考えると、上野千鶴子さんは、「いいとこどりの発想」をすることで読者に媚びているだけです。これではポストモダンの社会システムを変えられない。「家父長制の責任は男が負うから男がすべての責任を負うべきだ、自分たちは自分たちでやっていきます」は、強者による「いいとこどりの発想」で、僕に言わせれば無責任です。

馬鹿男をつくり出した責任は、馬鹿っ母にもあるし、馬鹿妻にもあります。まぁ、読者に媚びて言えば、男はしょせんは馬鹿ですから、ホモソーシャリティでは立ち行かなく、母や妻から諭《さと》されたり学んだりしない限り、フレームを変えられません。そうしたサイクルの上に制度があります。制度を男が支え、女はその犠牲者だというのは愚昧《ぐまい》です。

潔癖症のロジック

東　宇野常寛くんは、男性なのに上野千鶴子的な潔癖症を妙に受け継いでいると思います。彼の言う「レイプファンタジー」批判は、要は女性に依存するなという話ですからね。女性に夢を見てはならない、と主張している。たとえアニメでもダメだと。

宮台　なるほどね。たしかにそうだ。

東　福嶋亮大《りょうた》くん[*5]という若い文芸批評家がいて、彼がブログで一度宇野くんを批判したことがありました。一言で言うと、宇野のロジックは全部ナルシズムの否定でできている。しかし、ナルシズムの否定を徹底化することが人間にできるだろうかと、福嶋くんは書いたんです。

僕は、これは本質的なところを衝《つ》いていると思いました。いままでの話に引きつけて言えば、「おひとりさまの哲学」はナルシズムの否定、甘えの否定なんです。自尊心の裏にある他人への依存を暴き、悪だと指摘する。ただ、それもまたもうひとつのナルシズムです。そういう宇野くんの本が若いひとたち、それも男性読者に結構支持されているという状況には、なかなか深い意味があります。

いずれにせよ、そういう潔癖症の論理が優勢では、家族形成はなかなか難しいですね。

宮台　まったくそうですね。

東　実際、幾度か宇野くんに尋ねたことがあるのだけど、他人に依存しない、女の子に夢を見ないのが「正しい」として、その果てになにがあるんでしょう。宇野くんとは親しい友人ですが、いまだに疑問です。

●ロマンがなければ現実は動かない

宮台　僕はいま、『中学生からの愛の授業』という本を書いていています（コアマガジン、二〇一〇年六月に刊行）。これは中学生とその親向けの本だけど、いくつかある主題の中のひとつが「複素数的な人間関係」ということなんです。複素数は、実部と虚部からなっていて、虚部は、実部から見た場合には存在しない数ということになります。つまり、存在する数（実数）と存在しない数（虚数）から成り立つ数ですね。

人間関係も複素数なんだということを自覚してほしいんです。恋人であれ妻や夫であれ、場合によっては親友であれ、本当はかくあってほしいというロマンチシズムがあるのは当然で、それがなければ深いコミットメントなんてできないけど、それに合致する要素を実際に持つかどうか——理想に合致する現実があるかどうか——は、いつも疑わしいんです。

僕が残念だと思うのは、若いやつの多くが、一方で、虚部にだけ軸足を置いて、現実なんてショボイから関わりたくないと思ったり、実部にだけ軸足を置いて、しょせん現実なんてこんなものだからゲーム的に関わればいいだけだと思ったりすることです。前者はセカイ系に緩《ゆる》く重なり、後者は宇野常寛さんの言うバトルロワイヤル系に緩く重なっています。

別の言い方をすれば、現実に対する期待がことごとく裏切られることで「期待水準」が下がるのは当然だとして、それに引きずられて「願望水準」まで下がってしまっています。ちなみに「期待水準」は現実としての現実に対する期待に関するもので、実部にあたり、「願望水準」は自分としての自分が心底に秘めた思いに関するもので、虚部にあたる。

『中学生からの愛の授業』で繰り返し述べていることですが、複雑な社会システムにおける人間関係を実り多きものとして生きるために必要な構えは、「期待水準の低下にもかかわらず、願望水準を高く維持すること」です。それには、実部に虚部を重ね焼きにして体験する、複素数的な意味加工の訓練が必要です。それがないと、コミットメントも絆も生まれない。

東　よくわかります。

虚数は存在しないけど、存在すると仮定することで現実の計算が可能になる。同じようにロマンチシズムとリアリズムも対立するものではない。ロマンがなければ現実は動かない。ロマンチシズムを導入することこそがリアリズムであることがありうる。ロマンなんてないんだよ、と言い募《つの》ることがリアリズムであるわけではないのです。

これは人間関係の問題に限られませんね。僕が最近、自戒を込めてずっと考え続けているのは、僕から下の世代がつくり上げたいわゆる「ゼロ年代の批評」と言われている流れは、ロマンチシズムの破壊みたいなことばかりやりすぎたのではないか、ということです。特にロスジェネ以降は、これがリアルだ、これがおれたちの現実だ、だからもう夢なんて見ていられない、という主張ばかりなんですね。大学院もリスクだし恋愛もリスクだと。なるほどそれは局所的には正しいのかもしれないけど、みなが同じ認識に到達すると、いわゆる合成の誤謬《ごびゅう》が起きて、社会のほうが何も動かなくなってしまう。

宮台　第3章で申し上げた、平等理念は虚構だから不必要であるという考えも、複素数問題と関連しています。社会科学には「必要な虚構」という概念があります。啓蒙思想にまで遡る伝統です。ルソーについて論じられるように、一般意思[*6]が虚構であることはさして問題でなく、「必要な虚構」かどうかだけが問題です。「必要な虚構」は、専門人には「ゲームに必要な前提」ということで構わないが、多くのひとにはそういうわけにはいきません。

ヴィトゲンシュタインの言語ゲーム理論や、それを応用したハートの法理論以降、「必要な虚構」は、ゲームの内的視座からは虚構でないかのように生々《なまなま》しく感じられることが大切で、ゲームの外的視座から見た場合にソレが虚構にすぎないのはあたりまえだという話になりました。虚構だからいけないという話をしていたら、じつは社会は回らないんです。

虚構を「根拠がない」と言い換えてもいい。言語ゲーム論的には、根拠なるものは、根拠なき言語ゲームの内的視座においてだけ意味を持ちます。根拠なき言語ゲームの中で根拠だと信奉されるものを前提として、国家や社会が成り立つ。ベネディクト・アンダーソン[*7]を誤読した、国民国家は構築された「想像の共同体」で、根拠がないから無化できるという発想は、愚劣です。

構築主義なるものは、たいていは社会科学や歴史学の伝統を無視した、この種のナンセンスです。東さんがいまおっしゃったような「ゼロ年代的な虚構批判」以前から、ポスコロ（ポストコロニアル理論）やカルスタ（カルチュラル・スタディーズ）において「虚構批判」が珍重されてきています。どうせコップの中の嵐ですから実務的にはどうでもいいんですが、若者のメンタリティ的には問題かもしれませんね。

東　まったくです。卑近な例はネット用語で言う「エビデンス厨《ちゅう》」ですね。「結婚したらいいことあるよ」というと、じゃあエビデンスを示せよ、みたいな。あるわけないだろう、と。でも、ゼロ年代の言論は、一部ではそういう戯画的なところまで行ってしまった。

宮台　後藤和智《かずとも》＊8みたいな（笑）。

東　ですね。

いずれにせよ、虚部を剝奪して実部だけを見ることで社会が語れてしまうという臆見が蔓延《はびこ》り、それをみんなが信じてしまうと、社会は本当にほどけてしまう。どうしたらいいのかな、と最近僕は真剣に考えています。家族の問題なんて、まさにイマジナリーな、つまり「虚数」の問題でしかないですから。

●「社会」概念の喪失

宮台　僕は最近、たまたま是枝裕和《これえだひろかず》監督を『マル激トーク・オン・ディマンド』の番組に呼んだの[*9]がきっかけで、「ウルトラマンボックス」を買って長女と一緒に見直し、感動しました。知ってはいたものの、「世の中にはじめから悪いやつはいない」という前提なんですよね。特に、佐々木守《まもる》脚本、あるいは金城《きんじょう》哲夫脚本のものは、全部そうです。

怪獣が悪者に見えるとしても、それはもともとは人間の悪から生み出された、つまり人間の悪が怪獣に転移したのだという発想か、映画『風の谷のナウシカ』の台詞《せりふ》にあるような「虫と人は同じ世界には住めないのだよ」という発想か、どちらかなんですね。

僕は『ウルトラマン』や『怪奇大作戦』など円谷《つぶらや》プロ制作のシリーズを見ることで、社会についての感動的な虚構を受け取っていました。つまり「本当に悪いやつなんていなくて、悪いやつは必ず理由があって悪くなっている、それが社会というものだ」という発想。これは、難しく言えば、「社会という全体性についての、寓話的な仮構《かこう》」です。でも、これは時代的なものでした。

というのは、一九七一年に『仮面ライダー』が始まりますが、そこに出てくるショッカーは、円谷プロがつくり出した流れには真《ま》っ向《こう》から逆らう「絶対悪」「理由なき悪」です。でも『仮面ライダー』の影響を受けるのは僕の弟の世代以降です。ちなみに弟は三歳下です。だから僕はいまでも「理由なき悪」は存在しないという仮構に魅力を感じます。

だから僕が独裁者だったら、ショッカーのような「絶対悪」を描くことを禁じると思うのです（笑）。いずれにせよ、むかしのひとたちは「絶対悪」など存在しないという考えが仮構であることを弁えていて、戦争などでの現実の体験を横に置いて、「社会とはこういうものだ」という寓意――〈世界〉はたしかにそうなっているという気づき――を伝えることに熱心だったと思います。

こうした「仮構をつくるために寓意を伝える」という営みが、いつ頃からかなくなってしまった。説明なく悪が登場したり、この地球を支配するのは人類か敵かみたいなゼロサムロジックだけが肥大してきました。どうも現在は、情報環境の全体が、ロマンチシズムの必要性、つまり全体性についての虚数的な構えをうまく伝承するように機能していません。

東　その通りだと思います。

論壇もここ二、三年は経済論壇が中心ですね。リフレ問題に議論も収斂《しゅうれん》しつつありますが、結局はカネの話。もはやゼロ地点まで来たという感じがします。

いまや日本の思想や批評は、一方はサブカル批評（快楽の批評）で、もう一方は経済論壇（カネの批評）、そのふたつにわかれてしまった。日本社会をどうつくっていくかとか、国家の理想とはなにかとか、そんな話題はすべて幻想についての抽象論だからどうでもいい、という感じになっている。

宮台　「社会」という観念が消えてしまったんだと思います。市場という概念は社会という概念とは別物です。「社会を回す」という観念が消えた結果、快楽供給装置としての「市場を回す」ことか、快楽装置としての「身体を回す」ことかの、どちらかになったということでしょう。社会は、市場と身体の双方に前提を供給するエーテル（媒質）みたいなものです。

日本の自殺率はイギリスの三倍。アメリカの二倍。アングロサクソンと比べてこれだけ死ぬのはすごい。この間デンマークに行きましたが、デンマークはネオリベ政策、反環境政策の国で、北欧諸国と比べても異質です。たとえば、現政権は風力発電もすべて白紙に戻してしまった。エマニュエル・トッド[*10]に従えば、アングロサクソンだからです。

つまり、アングロサクソンは家族親族ユニットが相対的に小さく、ゲルマンやとりわけラテンは家族親族ユニットが相対的に大きい。すると、ラテンが家族親族ユニット内部の相互扶助によって調達する便益を、アングロサクソンは市場で調達することになるので、そのぶんアングロサクソンがネオリベに親和的に見えるというわけですね。

しかし、家族親族ユニットという共同体のサイズが、直系家族的に小さいか、拡大家族的に大きいか、という相対的なちがいがあるだけで、市場プレイヤーが家族親族共同体を背負っているという構造は、両者とも変わらない。言い換えれば、剥き出しの個人が市場でプレイしているなんてことは、アングロサクソンにおいてすら、ありえないわけです。

その証拠に、一九八〇年代には、ヨーロッパでもアメリカでも「共同体と市場の両立可能性」をめぐる国民運動が起こりました。たとえば、イタリア発でヨーロッパに広がったスローフード&スローライフ運動。カナダ発で大英帝国圏に広がったメディアリテラシー&メディアエデュケーション運動。アメリカ各地に広がった反ウォルマート運動などです。

ところが日本では「共同体と市場の両立可能性」をめぐる議論が起こらなかった。相変わらず、市場か政治的再配分かという話になってしまったんです。共同体と市場の両立可能性とは、そういう話じゃない。たとえ政治的再配分を極小にして市場を頼るにしても、市場が共同体を侵食することがないようにどう防遏《ぼうあつ》すれば良いか、という話なんです。

一九八〇年代に先進各国であった「共同体と市場の両立可能性」をめぐる議論がすっぽり抜け落ちていたせいで、日本ではアングロサクソン的なネオリベを、剝き出しの個人が市場でプレイすることだと勘ちがいしてしまった。それだけでなく、現実問題として「共同体と市場の両立可能性」を論じうるような共同体は、既に空洞化して存在しないんです。

かくして共同体という媒介を欠いたまま個人が市場に向き合っちゃう。だからこそ、個人という快楽装置と、市場という快楽供給装置、このふたつについての想像力しか働かない。個人は弱い存在で、格差拡大を含めた市場の負の外部性を個人が吸収することはできません。グローバル化ゆえに今後ますます市場を頼るしかない以上、共同体の吸収装置が必須です。

●参照点としての沖縄

宮台　沖縄に行って思うのは、物事には必ず良い面と悪い面があるということです。拡大家族的な相互扶助が、いまでも日本で残っているのは沖縄ぐらいなんだけど、本当に複雑な気持ちになります。たとえば、小林よしのりの『新ゴーマニズム宣言SPECIAL　沖縄論』（小学館、二〇〇五年）はかなり売れた本ですが、沖縄では『沖縄論』についてはは絶対に議論できないんです。いわばタブーなんです。

なぜタブーなのか。先にも言及した門中《ムンチュウ》という大規模な家族親族の相互扶助ネットワークに、だれもが埋め込まれていて、『沖縄論』なんかに言及するとポジションを失うからです。沖縄で自公翼賛体制がずっと続く理由も同じです。巨大なネットワークのどこかには必ず土建屋がいて、多少なりともそれにぶらさがっているからです。

この巨大な家族親族の相互扶助ネットワークは、すばらしい機能を果たしてもいます。相互扶助の包摂性があるから、失業を恐れなくてもいいし、離婚を恐れなくてもいい。だから、高い失業率や離婚率は、本土でだったらアノミーを意味するのに、沖縄では必ずしもそうじゃない。まさに良い面と悪い面と両方があるわけです。

沖縄で取材を進めていて感じるのは、先ほど申し上げたタブーが、単なる共同体的思考停止を意味するとは限らないことです。多くの沖縄のひとたちは本土での就業経験があるから、沖縄の相互扶助ネットワークの恩恵に自覚的です。自覚するがゆえに、この相互扶助ネットワークの不利益になることを戦略的に回避し、得になることをしようとします。

ここで上野千鶴子「おひとりさま」問題に繋がることになります。本土と沖縄を比較して考えると、沖縄のひとたちが「物言えば唇寒し」だからということで、うざい相互監視システムを解体して「おひとりさまの老後」を追求すべきかというと、そういうことはない。現にそう考えるひとたちは沖縄にはまずいません。

「おひとりさま」を回避できることが沖縄のアドバンテージ（利点）であることは彼らの共通了解です。でも、「物言えば唇寒し」や、門中にとっての最適化が沖縄にとっての最適化を意味しないという「合成の誤謬」などの否定的側面が、沖縄のひとたちにも理解されつつあります。

いま沖縄では「共同体の両義性を踏まえつつ共同体を温存する」という戦略性が求められています。言い換えれば、「社会はいいとこどりができないこと」を承知の上で、しかし共同体の負の側面をできるだけ回避し、正の側面をできるだけ大きくするような、新しい工夫を含んだ共同体温存戦略が必要とされているということです。

　この対談では「絆コスト」について何度か言及しましたが、近頃の僕は「絆コストなくして、絆なし」という言い方をよくします。これにはふたつ意味があります。ひとつは、絆の便益にコストを払わずにタダノリできないよという意味です。もうひとつは、絆には良い面と悪い面が必ずあって、良い面だけを「いいとこどり」するのが難しい以上、是々非々で戦略的な工夫が必要になるという意味です。

　とりわけ二番目の側面で、沖縄でのトライアルから目を離せないんです。沖縄には本土の時間を三〇年巻き直したような部分があります。いまのまま放っておくと本土と同じような時間展開を示すでしょう。つまり共同体空洞化への道です。そうでないようなルートで、なおかつ共同体が個人を殺さないようなルートを、どう模索できるかです。

●沖縄における風俗の役割

東　それはもしかしたら普天間基地問題よりも深い話ですね。沖縄はいま、社会自体の大きな変化を迎えているんですか?

宮台　そう思いますね。共同体の両義性についての自覚と言いましたが、これに関連して、沖縄の風俗を取材してわかったことがあります。沖縄では女性はすごく早く結婚します。ほとんどのひとは二〇代前半までに子どもを産みます。ただ、さっき申し上げたように離婚率がとても高くて、産むとすぐに離婚してしまう（総務省統計局の二〇〇八年データでは、沖縄の出生率は一二・二で全国一位（全国平均は八・七）、沖縄の離婚率は二・六〇で全国一位（全国平均は一・九九））。これが標準的な形態です。

　ところが、沖縄は夫や父親によるＤＶがすごく多い。完全な父系血縁制で父親の権威が大きいこと、それに関連して、門中がそうした父親や夫を守ること、年齢階梯《かいてい》制を背景にした年齢集団によるホモソーシャリティが濃密なこと、などが背景にあります。で、実家に出戻っても、お父さんがＤＶだったりするわけです。

　そうすると、居場所がなくなりますよね。ならば再婚すればいいんだけど、沖縄は完全な父系血縁制なので、子どもが男の子だった場合は再婚ができないんです。再婚の相手方親族が、ちがうタネの子どもに家督《かとく》を継がせることに、難色を示すからです。そこでどうするか。風俗に行くしかないんです。風俗の界隈はそうした事情を完全に把握しています。

つまり風俗産業に従事するブローカーや経営者は、風俗が構造的弱者を守るセーフティーネットである事実を知っています。彼らは彼女たちを守ることに自覚的なので、本土の客しかとらせません。沖縄の客をとったら知られてしまうからです。それとは別に、出会い系ベースの援交市場があって、中高生女子はこれを使ってジモトの男と会います。

こうした沖縄的文脈を踏まえると、売買春もちがったものに見えます。売買春禁止ということで色街をつぶすと――実際どんどんつぶされていますが――現行の沖縄社会における構造的弱者の受け皿をどうつくるのかという問題が生じます。以上はあくまで一例で、僕の取材した範囲でわかったことですが、こうしたコンテクストを踏まえないと、テクストだけを見てなにが良いか悪いかなんて言えません。

●コネ階級社会化する日本

東　宮台さんは、沖縄のその「相互監視込みの相互扶助」を、部分的にではあれ高く評価されている。そして沖縄ではいまそれが危機にさらされているので、守るべきだと考えている。それはわかるのですが、しかし本土はいずれにせよその状態にはなれないですよね。
どうしたらいいんでしょうか。

宮台　小学校の先生から似た相談を受けます。基礎的なソーシャルスキルがない子どもが増え、教室の共同性が消えました。こうした状況をまずいと感じる教員も少なくありません。むかしとちがいすぎるからです。むかしと同じものを取り戻せないとしても、相互扶助の恩恵に与《あずか》る能力や、グループワークの能力を回復することが大事なのはわかっています。

自分の頭が悪くても、頭のいいやつを味方につける能力があればよいし、自分がケンカに弱くても、ケンカが強いやつを味方につける能力があればよい。むかしから変わらずに有効な、幸せに生きるための知恵です。でも、この知恵が失われた結果、相互扶助に与る能力や、グループワーク能力が、激減した。「どうすればよいのか?」と尋ねられます。

僕の答えはいつも同じ。答えはひとつしかありません。第3章でも話した通り、「分断」です。いま申し上げたようなことがわかっている人間同士で相互扶助のネットワークをつくってリソースをシェアしていくしかないということです。つまり「教室のみんな」を救うことは諦めるしかない。親の影響力と教員の影響力を綱引きすれば、親の影響力が強いに決まっているからです。

こうした「ものごとをわかっているひとたちだけの島宇宙」を周囲から分断し、その内部で有効な実践的実績を積み上げた上、この分断が顕在化するように外部に喧伝《けんでん》するわけです。そうすれば、だれが馬鹿で、だれが賢明なのかがハッキリし、ロールモデルの学習が進むことになります。こうした「小乗を通じた大乗」しかありえないだろうと思います。

東　それは、日本はこれから階級社会になるというお話だととっていいですか。

宮台　そういうことだと思います。

東　しかも、宮台さんが考える階級社会の上層には、ネオリベの価値観に染まりがつがつとお受験して、年間一〇〇万円を就学前の子に投入しているような「浅ましい」ひとたちは入れない。経済による階級社会ではなくて、ソーシャルスキルの階級社会といったところでしょうか。むろんそれは経済的な階層とも繋がるでしょうが。

宮台　繋がるでしょうね。でも「ものをわかっているひとたち」がそれなりに有効なネットワークをつくることに成功すれば、必ずしも経済的に豊かでなくともネットワークに入れるようになるでしょう。そういう包摂的なネットワークをつくることが僕たちの目標になります。

東　だとすればそれは、コネ社会が自生的に、しかも大々的に復活するという話になりませんか。新自由主義の原則に則《のっと》り、アトム化した個人が労働力の値段で競争することの限界が早々と現れたので、日本はこれから、もう一度みながコミュニケーション能力＝コネを競い合う社会に戻ると。

宮台　実際、就職の現場でもそうなりつつあります。ただしコネの重要性はむかしとは意味がちがいます。有力者の影響力ではなく、そいつがまともなやつだと証言してくれるひとが必要なんです。インターンシップ制度も同じ機能を果たしますが、「ぶっちゃけ東浩紀ってどうよ」について、証言をとれないと、リスクが大きすぎて採用できないようになりました。

まともであると証言する第三者の存在という意味でのコネか、インターンシップ期間を通じたまともであることの証明か、どちらかが必要です。日本的ネオリベ化で、感情的安全が確保されていないひとたちの増大が顕著であるがゆえに、人格的信頼の重要性が著しく上がっています。マニュアル通りに役割を演じることすらおぼつかないひとが増えました。

東　しかしそうなってくると、学歴や資格を取ってもますますしょうがないという結論になります。

宮台　インターンシップは一～二社しかできないから、コネをつくることが大切です。その場合のコネとは、自分のことを肯定的に証言してくれるひとのことです。「宮台って、パブリックイメージとちがって結構いいやつだから」と言ってくれるひとを、各所にいっぱいつくっておく。それが大事なことだと思いますね。

東　親の役割はどうなるのでしょう。子どもをできるだけ複数のコミュニティに所属させる、ということになるのかな。

宮台　そのためにも仕事時間を減らし、子どもを観察できる時間をつくらなければダメ。うちの子はお絵描き教室に通わせていますが、子どもの強い希望でバレエ教室にも行かせました。お絵描き教室では圧倒的に牽引役《けんいん》ですが、バレエ教室だと他の子ができることができないいちばん下っぱ。バレエ教室での観察で、うちの子の性格が新たにわかりました。

東さんのおっしゃるように、複数のコミュニティへの所属は大切です。ある島宇宙ではトップだけど、別の島宇宙だとボトム。自分はできると思っていても、別のグループに行けばまったくできない。「世の中そんなものだよ」と教える絶好のチャンスです。そうしたら、彼女の最近の口癖は「世の中そんなもんだよね」なんですよ。

東　「世の中そんなもんですよね」！（笑）

●マスメディアの悪習をキャンセルする

東　とにもかくにも、子どもにとって重要なのはコミュニケーション能力なのだ、その獲得のためには複数のコミュニティに所属していることが重要なのだ、というお話でした。

ところで僕としては、そのコミュニケーション能力というかコミュニティの横断能力を、個人の才能に帰属させるのではなくて、少し技術の側から捉えて希望を見出しておきたいと思うんです。そうしないと、あまりにもこの対談には希望が、それこそ「虚部」がない（笑）。

そこで再度ツイッターの例を出させてください。ツイッターを使うメリットのひとつは、いろんな分野の専門家をフォローしておくと、その専門知識が勝手にアップデートされてくることです。ユーザーにたいした知識がなくても、いまここが最先端なんだとか、ここが優れているということを勝手に発言者が教えてくれる。ここで重要なのは知識そのものではなく、だれをフォローするかだけです。

これは重要なことです。そもそもグーグル出現のあと、もっとも重要なのは、知識そのものではなく、「知識をどうやって検索するか」、つまり検索語を知っているかどうかになっていました。そこでのポイントは、宮台さんがおっしゃるように、一人ひとりのコミュニケーション力ということになります。検索語を知るには、結局はだれかに教えてもらうのがいちばんだからです。そういう点では、コミュニケーションの能力さえあれば、知識や技能のギャップは乗り越えられるということまでの宮台さんの指摘は、グーグル後の状況に正確に対応している。

しかしその上で指摘しておきたいのは、ツイッターが普及すると、そこで要求される「コミュニケーション能力」の実態が大きく変わるということです。ユーザーはフォローだけしていればいいのです。

前にも言いましたが、ツイッターは僕の読者層をあっという間に統合してくれました。僕という「ひとりの人間」を介することで、まったく異なる趣味の共同体がぽんと繋がってしまう。しかしそれは別にユーザーの努力によるものではない。僕が呟いているだけで、複数のコミュニティが繋がってしまう、ユーザーがコミュニティ間を移動できてしまう。

宮台　そこがポイントだと思っています。ツイッターに関しては、現代の政治家とマスコミの関係をキャンセルできるツールであることが重要です。現在は、記者クラブ制度のせいで、リーク情報を書かないと落伍《らくご》してしまうという恐怖のもとで、官僚や官僚に操られた政治家のリーク情報を官報よろしく垂れ流し、「世論」をつくり出す状況です。

劣化した特捜検察のおかげでそのことが広く世に知られましたが、ツイッターを使えば、マスコミと官僚&政治家のもたれ合いをキャンセルできる。というのは、とりわけ与党政治家がこの状況に甘んじるのは、マスコミがつくる「マスコミ世論」を気にするからです。詳しく言うとこうなっています。

従来、政治家は、マスコミが発言やリークを報じてくれて、それに対する世論のリアクションを見て、自分がどう受けとめられているのかをモニターしていた。ところがツイッターを始めると、ツイッターでどういうリアクションをもらえるのかをベースにして、きちんと理解されているとか、勘ちがいされているとかというふうにモニターできるんです。

つまり、従来の民主政治的な正統性の調達構造を変えることができるわけです。マスメディアの記事に対して「それはあなたがたの単なる作文であって、私が実際にツイッターでモニターしている感触はまったく別のものです」と言えるわけです。単に言えるだけでなく、それを現実的な支えにできるんですね。これはきわめて重要なことだと思います。

むろん、民主的な意思の集約なるものは虚構です。コンドルセのパラドクス[*11]や、それを特殊ケースとして含むアローの順序合成の不可能性定理[*12]が明らかにするように、意思の集約があるところには、必ず集計方法に関わる恣意的な手順が介在するからです。その手順が、議会での採決順序であれ、アーキテクチャによる機械的集約であれ、本質は不変です。

「マスコミ世論」は虚構の世論だと言いましたが、ツイッター経由のリアクションも代表性を検証できないという意味では虚構の世論です。でもそんなことは問題ではない。

というのは、「マスコミ世論」の虚構性についてはだれがどんな操作をしたのか明瞭ですが、「ツイッター世論」の虚構性については、集計方法に関わる恣意的な手順はだれにとっても不透明だからです。

このことが、民主政治における正統性調達にとってきわめて重要な意味を持ちます。ちなみに正統性とは、正当性とはちがって、内容的な正しさとは無関連な自発的服従契機を指すマックス・ウェーバーの概念です。みんなの意思の集計方法に関わる恣意的手順の具体性が衆目にさらされることは、民主的な意思決定の正統性を揺るがせることになります。

たとえば、新聞は、再販制度が抱える問題を事実上一切報じませんし、テレビは、集中排除原則の全体的かつ詳細な意味を一切報じません。原口総務大臣の発言のうち、新聞やテレビにとって都合が悪くない部分だけを切り貼りして報じるだけです。しかも、そのことがツイッターを通じてバレつつある。マスコミの情報操作はあまりに露骨なんですよ。それに対して、ツイッターの場合は手順は恣意的でも、その過程は不透明であるため、正統性は担保されることになります。

●民主主義2・0の可能性

東　二〇〇九年秋の『朝まで生テレビ！』に出演して「民主主義2・0」という言葉を発したところ、多くの視聴者から反応をいただきました。そのときはテレビですから、地方自治体をSNSを用いて直接民主制で運営したらいいのではないか、といかにもわかりやすい話を述べたのですが、僕の本意はそこにはありません。

ネットはいままで社会の島宇宙化を強める道具だと思われてきました。実際にグーグルは、その本質上、ユーザーが望むものしか見せてくれないサービスです。けれども、いまやその上にツイッターという新しいサービスが広がっている。ツイッターは、グーグルによって趣味の共同体の中に閉じ籠もっていたひとを、思いがけない偶然でぽんぽんと「外側」に連れ出してくれる。ネットワーク理論の言葉で言い換えれば、グーグルは、情報のフィルタリングによって人間関係の「クラスター性[*13]」を強化するけれど、ツイッターは、ユーザーの属人性を介して「スモールワールド性[*13]」を強化してくれる。こういうサービスをうまく使えば、民主主義の原理的な更新はじつは可能だと思うんです。

たとえば、国会議員を減らすどころか、逆に一万人ぐらいにして、みなある程度専門的な少数の政策しか扱わないようにしたらどうか。それぞれの政治家はイシューごとのさまざまな意見のハブになる、ということです。デリダ的[*14]に言えば、政治家の固有名が一種の郵便局になって、その郵便局を通っていろいろな意見が配達されるようなイメージです。

こういうふうに提案すると、それでは政治がオタク化するだけで、全体を見るひとがだれもいなくなる、政策同士の整合性がとれなくなると反対されます。しかし本当にそうか。たとえば、外国人参政権問題に関心があり、参政権問題担当の政治家にコミットしてその政策をフォローしていたら、同じ政治家が微妙に異なる領域の政策にも関わっていることがわかり、その活動がダダ漏れてくる。そうなると支持者にも新しい関心が生まれるはずだし、さまざまな政策の間に、政治家の固有名がリンクとして機能してゆるやかな繋がりができてくる。そういう可能性を考えてもいいのではないでしょうか。

宮台　その通りですね。そして、ネットワーク理論的に言えば、ハブになるひとたちとそうじゃないひとたちの、顕在的・潜在的な影響力に巨大な差が出てくるでしょう。インターネット化以前と以降というより、ツイッター以前と以降に、かつてなら想像もできないような影響力格差が生じます。僕の言葉では「コミュニケーションの三段の流れ」ができる。これはアメリカの社会心理学者、ポール・ラザースフェルドの「コミュニケーションの二段の流れ」を踏まえた仮説です。

むかしは、マスコミに出る有名人と、マスコミを消費する無名人という形でした。無名人の中に小集団のボスとその他メンバーという二段階があり、「二段の流れ」と言われた。それが、有名人と無名人の間に「ハブ人」が生まれて「マスコミ有名人↓ツイッターハブ人↓小集団ボス↓小集団パンピー（一般ピープル）」という流れになり、「ハブ人」に権力源泉が集中します。

ただ、この場合の小集団は、床屋政談に参加する地域住民十数人という規模じゃない。小学校の教室内の女子は、僕の幼少期なら二グループにわかれていたのが、いまは二〜三人の極小グループの分立状態になっています。それと同じく「コミュニケーションの三段の流れ」の末端小集団も極小グループになるでしょう。

また、読者の誤解を防遏《ぼうあつ》するために申し上げておくと、ラザースフェルドの「コミュニケーションの二段の流れ」仮説における小集団パンピーは、マスコミに接触しながら読解についてボスの影響力を受ける存在です。僕の「三段の流れ」仮説における極小集団パンピーも同じことで、ツイッターを利用しないという意味じゃありません。

●新しい教養人モデル

東 むろん、ハブになるひととそうでないひとの間に格差は生まれるでしょう。しかし、勝ったひとがどんどん勝っていく、負けるひとがどんどん負けていくというのは、マーク・ブキャナン[*15]が『歴史は「べき乗則」で動く』（ハヤカワ文庫、二〇〇九年）などの啓蒙書で記すように、自然法則と言っていい。ある話題が決まったら、その話題についてハブになれる人間とそうでない人間の格差が開くのは、やむをえない。

しかしここで重要なのは、別の話題であれば、また別のベキ乗分布が生じて別のハブが生まれるということです。そしてそういう中で、単純にハブなのではなく、複数のクラスターを繋ぐ通路として機能する、いわばメタハブとでも言うべき存在が生まれてくる。ネットワーク理論では、このような存在は「媒介中心性」あるいは「ランダム・ウォーク中心性」と呼ばれるもののようです[*16]。ひらたく言えば、経済政策についても語り、外交問題についても語り、文化評論も語り、環境問題も語るというひとが生まれてくる。

そういうひとは、単純にフォロワーが多いハブとは、またちょっと異なった機能を持つ。もしかしたら、そういう存在こそが、二一世紀の新しい教養人の形になるのかもしれません。そしてそれは、必ずしも、対面コミュニケーションの卓越した力とセットではないと思うんです。

宮台　いまの話をうかがうと、東さんの固有性ゆえのアドバンテージ（優位）がありますよね。東さんは哲学・批評・文学など複数の領域で活躍しておられる。僕の場合も政治・宗教・性・サブカルなどにまたがります。読者の分断状況をベースにした場合、自らハブになって一体性へと誘導したり、一体性ゆえに新しい全体性をつくれるでしょうが、それは東さんだからです。

東　いや、それは別に特別な能力ではないと思います。

専門性がなく、あれもこれもと顔を出すのは、器用貧乏として嫌われます。しかしツイッターは、まさに器用貧乏の利点を生かせるメディアだと思うんです。そもそもどんな人間の中にでも、じつにいろいろな引き出しが中途半端にあるはずです。それは新自由主義の時代においては、いかにも「商品」になりにくいように見える。けれども、本当はそれ自体が「リンク」として豊かな意味を持っているんです。

宮台　「リンク構造として豊かな機能を果たす、二足のワラジならぬ四足のワラジ人」がツイッターの本質を示しますね。だからこそ、ツイッターは新たなコミュニケーション格差を生む源泉に必ずなります。ツイッターの大学生利用率は一割台ですが、これはここ数十年間の音楽市場において洋楽が占める比率と同じなのですね。

洋楽がどんなにヒットした年だと感じても、ほぼ一貫して、邦楽九割、洋楽一割なんです。だから僕は「ニコニコ動画は邦楽で、ツイッターは洋楽だ」と言うんですね。洋楽とちがってツイッター利用者はこれから広がるでしょうが、東さんがおっしゃるような「ツイッター的な利用」ができるツイッターユーザーの比率は変わらないだろうと思います。

東　変わらなくともいいじゃないですか。みながハブになる必要はない。というか、みながハブになってしまったら、ハブの意味はありません。多くのひとはフォロワーでいいんです。

ただ大事なのは、そのフォロワーのほうも、それぞれハブにはなれなくても、「媒介中心的」な、つまり複数のクラスターを繋ぐ機能は果たせるということです。宮台さんがいままで強調されてきたのは、とにかく子どもにとって大事なのは、複数のコミュニティに所属することだ、ということでしたよね。それはリスクヘッジにもなるし、子どもの生の充実にも繋がると。

宮台　そうです。

東　しかし、それは必ずしも卓越したコミュニケーション能力を必要としないと思うんです。たとえ子どもが話し下手でも、その子の存在や作品を通じてひととひとが繋がり合うとか、そういうことはあるのではないか。

●オフラインの欠落をオンラインで補填できるか

宮台　であればこそ、別の危険が広がっていることも言わなければなりません。僕は二〇〇九年まで首都大学東京の就職支援委員会委員長でしたが、こういう状況があります。タフネスを欠いた学生が増えたので企業の一部が圧迫面接を再評価し始めていますが、昨年度の採用から面接内容をツイートでダダ漏れにする学生が目立つようになり、面接で採用を決めていたのに通知直前に採用を取り消すケースが少なくないんです。

僕のゼミでも似たことがあります。ゼミでの応酬のあと、ツイッターでディスるんですね。そういうやつは多くの場合、通常のツイートだけを見る限りは普通に見えます。僕はこういう場合、直ちに出入り禁止、かつ単位不許可にします。ゼミの当初にもそうした宣言をしています。問題は、こうした現象の増大が、なにを意味しているのかです。

東さんのおっしゃるように、ツイッター上のコミュニケーション能力は、オフラインでのコミュニケーション能力と必ずしも重ならないんですが、それが多くの場合「ツイッター上では使えても、オフラインでは使えない人材」を意味します。組織人としての資格欠落ゆえにオフラインで使えない人材は、ツイート能力がどんなに卓抜でも、企業にとってはゴミです。むろん「裏でなにを言うかわからないやつ」はオフラインのプライベートライフでもアウトです。

その意味で、今後もずっと組織人に要求される基本資質は変わらないし、信頼できる私的な絆を結ぶのに要求される基本資質も変わらない。オフラインでの地位欠落（口べタ）をオンラインで地位代替（ツイート達者）できるのは人格システムにおいての話で、社会システムにおいてはオフラインの欠落をオンラインでは埋められない。「現実」にダメなやつが「ネット」で回復できるのは自意識においてだけで、社会の枢要《すうよう》な領域では「現実」にダメなやつは「ネット」でどうあろうが永久にダメだということです。

学生たちを見ていると、ツイッターのようなオンライン・コミュニケーションが充実するほど、その事実を勘ちがいしやすくなるようです。人格システムではともかく社会システムにおいては、「現実ではNG」を「ネットではOK」で埋め合わせられない。この厳然たる事実を僕たちはやはり子どもに伝えなければなりません。ただし、そこをクリアできたひとについてだけ、逆に「ネットではNG」を「現実ではOK」で埋め切れるとは言えない時代になりつつあることを、伝えることにも意味があると思います。

●娘たちから学んだこと

東　この対談、途中からまったく子育ての話題は出ず、それが僕たちの父としての限界を現しているような気もします（笑）。さて、話は尽きませんが、そろそろ対談は締めなければなりません。

そこで最後にもういちど、我が娘、汐音の話に帰らせてください。

対談冒頭で述べたように、僕の娘はとても人間が好きです。そして幸せそうに生きている。保育園もじつに楽しそうに通っている。

正直言えば、僕は娘が生まれる前、また彼女が物心つく前は、この「貧困化し格差社会化する日本」において、娘の幸せのためにはやはり名門私立に入れるべきなのではないかとか、習い事をさせるべきではないかとか、いろいろ考えていました。しかしいまは、毎日娘の楽しそうな顔を見て、その種の「邪念」がすっかり消え去っている。格差社会云々の抽象的懸念よりも、娘が近所の幼なじみとできるだけ長く楽しく暮らせたほうがいいという素朴な願いのほうが、よほど強くなっている。娘が上品に賢く育つよりも、なによりも周りに愛されるひとに育ってほしいと感じるようになっている。いまの話の続きで言えば、彼女の主体としてのコミュニケーション能力を高めるよりも、客体として、彼女を通過していろいろなひとが繋がり合うような、そういう子に育ってほしいと考えている。

今回は話題に出ませんでしたが、僕が娘ができていちばん変わったのは、そのような「受動的存在」に対する考え方なのかもしれません。娘は勝手に育っていく。親はその点で徹底して受動的な存在なのですが、それだけでなく、娘が育つにつれて少しずつ世界を「受け入れていく」さまを見ると、なんというか、そういえば生きるとはそもそも受動的なことだったはずではないか、と感慨を新たにするのです。この感慨はおそらく、娘が大きくなり、文字通り「主体」になり人生のリスクヘッジを考え始める頃には消えてしまうでしょうから、僕自身が父として忘れないために、ここで最後に話して刻んでおきたいと思います。

宮台　長女はびるが、幼稚園に通うようになってから、僕もはびるから学びました。先にも話しましたが、はびるが通うのは、「遊びから学ぶ」を古くから実践している近所の幼稚園です。「みんなでお絵かき」とか「みんなでお歌」といった一斉活動はなく、自分で友だちをつくり、自分で友だちに提案したり提案されたりして、遊ぶんです。

三歳児でも人間関係の悩みって深いんですね。はびるには仲良くなった女の子がいて、その子もはびるのことが大好きなのですが、その子なりに入園前からの仲良しグループがあって、グループの子から呼ばれると、少し迷ったふうをしながらも、結局はそちらに行ってしまう。そのときの寂しそうな感じを見ると、胸がつぶれそうになります。

でも、はびるは家に帰ってくると、そのことはおくびにも出さず、「今日はね、だれくんと遊べて、楽しかったんだ」と報告する。本当にけなげです。それを見るにつけても、一斉活動って、じつは大きな「負担免除」であることがわかります。そうした「負担免除」があったほうがよかったのかな、と正直思ったこともあります。

ところが、入園して一ヶ月もすると、本当に成長するんです。あのワガママで傍若無人なはびるが、チョコの封を切ると「パパ、はいどうぞ」とまず僕にくれるようになりました。「パパは、いまは要らないよ」と言うと、「だったら、勉強していてお腹がすいたら食べてね」と。一斉活動のない環境でこそ、人間関係のつくり方を急速に学んでいることが、よくわかるんですよ。

僕と妻がちょっとしたことで言い争いをしたあとなども、本当にまったく何事もなかったかのようにスルーして、すぐに「積み木で遊ぼうか」と話しかけてくる。そして遊び始めると、妻にも「一緒に遊ぼうよ」と話しかける。じつは、この幼稚園に入園した他の子のお母さんたちも、自分の子の急速な成長に、こぞって驚いているんですね。すごいことです。

こうした「遊びからの学び」と、「お話を聞くときは手をおひざ」とか「犬と猫はどちらが大きいですか」みたいな教育と、どちらが子どもの将来の幸せにとって有効なのかは、言うまでもありません。何度も言うけど、自分の頭が悪くても、頭が良い子と友だちになれればよいし、喧嘩が弱くても、喧嘩が強い子と友だちになれればよいんです。

東さんの言う受動性を僕なりに解釈すれば、子どもは知識やしつけから学ぶのでなく、体験から学ぶということです。体験から学んだ子だけが、知識やしつけを幸せのために役立てることができます。なぜか。理由は簡単です。「ひとを幸せにできるひとだけが幸せになれる」ことを学ぶからです。これを学べない子が幸せになることは、絶対にありません。

東　ありがとうございました。

宮台　こちらこそ、ありがとうございました。

＊1　**フォーディズム**　アメリカの自動車会社フォード社でおこなわれた経営合理化方法に象徴される、大量生産・大量消費を可能にする生産システムモデル。チャップリンは『モダン・タイムス』（一九三六年）で、機械の歯車となって働かされる人間の姿をコミカルに描き、フォーディズム型産業社会を徹底的に風刺した。

＊2　**宇野常寛**（一九七八―　）評論家。企画ユニット「第二次惑星開発委員会」主宰、批評誌『PLANETS』編集長。著書『ゼロ年代の想像力』（早川書房、二〇〇八年）では、サブカルチャー作品を題材に、男性のご都合主義的な「レイプファンタジー」の構造を摘出し、そうした作品群を鋭く批判した。

＊3　『小説トリッパー』二〇一〇年春号（朝日新聞出版）に所収。

＊4　「東浩紀ジャーナル第9回・言論は世代を超えられないのか?」（『SIGHT』vol.36、二〇〇八年）。なお、この記事への上野千鶴子の応答は以下で述べられている。「世代間対立という罠——上野千鶴子インタビュー」（『思想地図』第二号）。

＊5　**福嶋亮大**（一九八一—　）文芸評論家。現在は京都大学文学部非常勤講師。専門は中国近代文学。著書に『神話が考える』（青土社、二〇一〇年）など。

＊6　**一般意思**　ルソーが『社会契約論』で用いた概念で、全人民の共通利害に基づいて形成される意思とされる。ルソーは、個々人の個別的な利害に発する「特殊意思」を合計した意思を「全体意思」と規定。政府は、「全体意思」ではなく「一般意思」で運営されねばならないとした。

＊7　**ベネディクト・アンダーソン**（一九三六—　）政治学者、コーネル大学名誉教授。専門分野は、政治学、東南アジア学。『定本 想像の共同体』（白石隆、白石さや訳、書籍工房早山、二〇〇七年）を参照。

＊8　**後藤和智**（一九八四—　）評論家。実証性（エビデンス）の薄い若者論を「俗流若者論」と名づけ、自身のサイトや著書などで徹底批判を繰り広げている。著書に『おまえが若者を語るな!』（角川oneテーマ21、二〇〇八年）など。

＊9　『マル激トーク・オン・ディマンド』第四五六回「新年映画特集　映画監督・是枝裕和がまだテレビにこだわる理由」（二〇一〇年一月六日）

＊10　**エマニュエル・トッド**（一九五一—　）フランスの歴史人口学者・家族人類学者。フランス国立人口統計学研究所に所属。『世界の多様性』（荻野文隆訳、藤原書店、二〇〇八年）を参照。

＊11　**コンドルセのパラドクス**　フランス啓蒙期の思想家・数学者であるコンドルセ（一七四三―一七九四）が発見した、多数決をめぐるパラドクス。多数決による投票には、不合理な結果が生ずる可能性が必ずあることを明らかにした。

＊12　**アローの不可能性定理**　アメリカの経済学者ケネス・アロー（一九二一―　）による、コンドルセのパラドクスを数学的に明らかにした定理。どのような民主的ルールによる投票でも、結果として循環的矛盾が生じる可能性は不可避であることを証明した。

＊13　**クラスター性、スモールワールド性**　いずれも複雑ネットワークの性質。クラスター性は、接続している二者には、両者に接続している一者がいる可能性が高いという性質、スモールワールド性は、任意の二者が、わずかな媒介を通じて接続されるという性質とされる。

＊14　**ジャック・デリダ**（一九三〇―二〇〇四）　フランスの哲学者。差異／差延、エクリチュールなどの概念を軸に、西欧哲学のロゴス中心主義を批判した。東浩紀は著書『存在論的、郵便的』（新潮社、一九九八年）で、デリダの思想を論じている。

＊15　**マーク・ブキャナン**（一九六一―　）　アメリカのサイエンス・ライター。『ネイチャー』誌の編集者を経て、現在はフリー。ネットワーク科学の著作多数。著書『歴史は「べき乗則」で動く』（ハヤカワ文庫、二〇〇九年）は、「ロングテール」のように、ピークが尖《と》がり裾野が長いベキ乗の統計モデルが、さまざまな自然現象や社会現象の中に見出せることを論じたもの。

＊16　増田直紀『私たちはどうつながっているのか』（中公新書、二〇〇七年）を参照。

あとがき

成育環境の変化に対する敏感さ

ＮＨＫ出版の大場旦氏から東浩紀氏との「父親同士の対談」の企画をいただいたとき、願ってもないことだと感じた。僕には三歳と零歳の二人の娘がいる（対談時）。父親になって、以前にも増して「社会について言いたいこと」が出てきて、それを吐き出したかったからだ。

僕は父がビール会社勤務で、当時のビール会社は転勤が多かったので、六つもの小学校に通っている。東北大学附属小（仙台市、現在の宮城教育大附属小）・鶴瀬西小（富士見市、現在のつるせ台小）、松尾小（京都市）、山階小（京都市）、安朱小（京都市）、三鷹第六小（三鷹市）だ。

それぞれ学校環境も生活環境も全く違ったので、自分で言うのも何だが、普通の大人よりも成育環境の差異には遙かに敏感だと思う。たとえば教育方針を真に受ける大人が多いとすれば、僕は「教育方針・学校環境・生活環境」のワンセットで考える習慣が出来ている。

加えて僕は、戦前から現在に至る日本のポップカルチャー史を研究分野の一つにしていることもあって、生活環境として家庭環境や地域環境に加えてメディア環境を数えるから、コンテンツや享受形式の変遷と、今述べたワンセットの変遷との関係にも、敏感である。

一言でいえば、僕は日本の幼児教育や義務教育における（学校・家庭の）教育方針を抜本的に変えるべきだと思っていて、それが有効であるためには、学校環境や生活環境（家庭環境・地域環境・メディア環境）の全体的な改革が、不可欠であると思っているのだ。

本文でも話題になる通り、東浩紀氏も僕も、研究分野は多岐にわたる。僕の研究分野の力点は、システム論→権力論→ポップカルチャー史→性愛論→宗教論→少年犯罪論→教育論→国家論→外交論→政治哲学という具合に、シフトしたというより積み重なっていった。

実際、ここに上げた分野それぞれについて著作があるし、ツイッター上での僕の活動もそれぞれの分野についてなされている（一部はミヤダイ・ドットコムに纏《まと》められている。http://www.miyadai.com/）が、こうした活動は幼少期の成育環境抜きでは考えられない。

僕の娘たちは幼いが、僕はこのあとがき執筆時には既に五一歳だから、幼保小段階の子供を持つ親たちの平均よりは、一〇歳〜一五歳は年上である。本書を読むこうした親たちの多くは、たぶん僕の成育環境を知らない。それどころか恐らく想像することもできない。

子供の成育環境はどれほど激変したのか。このことについて、まともに議論ができるのは、僕よりも上の世代とだけである。僕の同世代とさえ議論することが難しい。今と圧倒的に異なる成育環境を実際に体験していなければ、議論ができないからだ。

一九八〇年代から始まる法化社会の意味

まず身近な所から入ろう。妻と子供たちが毎日曜欠かさず通い、僕もときどき通う教会の御聖堂は、少し前まで二四時間鍵が掛かっていなかった。『レ・ミゼラブル』を思い出していただきたいが、教会は夜でも鍵が掛かっていないからこそアジール（不可侵の場）であり続けてきた。

ところが最近は夜に鍵が掛かるようになった。先日、神父様を僕らの家にお招きして食事をした際、神父様がこう仰言《おっしゃ》った。教会の本分ゆえに警察からの度重なる要求を拒絶してきたが、幾度か見過ごせない事件があり、要求に応じるしかなくなったのだ、と。

神父様が続けた。欧米の多くの大学には塀がなく、道路にもガードレールがない。それで失われる人命があっても、人は敢《あ》えて設置者の責任を問わない。人と社会の関わりの意味が変わってしまうからだ。かつての日本社会もそのようにして回っていたはずだ、と。

神父様はかつて千葉県の教会に幼稚園を併設した。何かというと設置者責任を問う住民（を背景にした行政）の声に抗《あらが》って遊具の設置を含め昔ながらの幼稚園の姿を守ろうとした。だが教会は教区の下にある。一教会の意向だけでは抗いきれなかったと述懐された。

僕は小二の四月から小六の九月まで、つまり小学校時代の大半を京都で過ごした。京都市内で松尾→山階→安朱と三つの小学校に行ったわけだ。京都での小学校時代はまさに昔ながらだった。疏水《そすい》には暗渠《あんきょ》も柵もなく、よく子供が落ちて溺れ死んだ。

工事現場にも柵がないのが当たり前で、築山に穴を掘って秘密基地を作る子供が多く、時々崩れて子供が死んだ。どの児童公園にも例外なく箱ブランコがあって、底板と地面の間に足を挟《はさ》んで骨折したり、箱に頭をぶつけて一生傷を作る子供が、絶えなかった。

でも、暗渠化しろとか、柵を作れとか、遊具を撤去しろという話は、聞いたこともない。そういう災難があったとき、親や先生を含めた大人たちはどう言っていたのかというと、「だから、危ないって言ってたでしょ、何ぼやぼやしてるの」と子供を叱ったのだ。

これがいつから変わったか。一九七七年あたりからだ。この年、近所の家に子供をあずけたら、建設現場の池で溺れ死んだというので、その家族が近所の家と自治体と業者を訴えた「隣人訴訟」が起こった。世論は二分したが、八三年の地裁判決で原告はほぼ敗訴した。

自治体にも業者にも責任はない。ちょっと子供を頼むというのも監護義務を負う契約ではない。被告側には一般的な注意義務を果たさなかった瑕疵《かし》はあるものの、原告側の過失よりもずっと小さい（原告：被告＝七：三）とした。世論も原告批判が多数派だった。

この事件は僕が大学生になった頃のことで覚えているし、僕の本でも幾度か取り上げた。原告家族は、非難や抗議の手紙や電話が殺到し、控訴審での訴えの取り下げに追い込まれたが、被告家族も、同様の理由で控訴審での訴えを取り下げた。これが転機だった。

この訴訟を境に、我が国は法化社会に舵《かじ》を切った。それまで社会が解決していた問題に、国家権力の呼出線が使われるようになった。だから危ないって言っただろうと子供を叱るかわりに、住民が何かというと設置者責任を問うようになった。それからおよそ三〇年。


共同体と市場、共同体と国家の、両立可能性

一九八〇年代、北イタリアから始まったスローフード運動、カナダから始まり大英帝国圏に拡がったメディアリテラシー運動、全米に拡がったアンチ巨大スーパー運動など、先進各国で同時多発的に、共同体と市場、共同体と国家の、両立可能性を問う運動が展開した。

同じ一九八〇年代、皮肉にも日本では、何かというと国家権力の呼出線を使う傾向に代表される、共同体を国家に譲り渡す「法化社会」が展開し、あるいは、米国の要求を背景にした大店法規制緩和に代表される、共同体を市場に譲り渡す「市場化社会」が展開した。

共同体と市場、共同体と国家の、両立可能性を問う運動とは、「雨漏り・バケツ」問題の比喩で語れる。村中の家が雨漏りしまくっていれば、バケツの需要が高まり、バケツを提供する市場や国家がほめられる。日本では国民生活選好度調査にそのことが表れる。

歴代内閣ごとに実施される幸福度調査も国民生活選好度調査の亜流に過ぎない。市場や国家がバケツを提供できていることに胸を張って現行政権を正当化するだけ。だがおかしくないか。緊急避難は別にして、本来なら雨漏りしないよう屋根を葺《ふ》き直すべきではないか。

スローフード運動・メディアリテラシー運動・アンチ巨大マーケット運動などの共通項は、市場や国家が提供するバケツに依存して自らの手で屋根を葺き直す本義を忘れてしまうことに対する――市場や国家への共同体の過剰な依存性に対する――気づきと戒《いまし》めにある。

「手つかずの自然」が敢えて手をつけないという「不作為の作為」であること（に気づくこと）に象徴されるように、選択の前提もまた選択されたものに過ぎないという「再帰性」（への気づき）が拡がる後期近代《ポストモダン》。不作為は、共同体を依存させ、空洞化させる。

僕は、これを「〈システム〉の全域化による〈生活世界〉の空洞化」と呼ぶ。〈システム〉

とは匿名性が支配する計算可能性の領域であり、これが拡がる動きを「近代化」と呼ぶ。当初は〈生活世界〉の「我々」が、便利だからと〈システム〉の利用を拡げる。流れに任せれば、やがて〈システム〉が全域化し、〈生活世界〉という表象も「我々」という表象も、〈システム〉の産物に過ぎないという気づきが社会を覆う。この状態が後期近代で、それに抗して〈生活世界〉保全を企図するのが、先に述べた一連の運動だ。

だがこの〈生活世界〉は、「手つかずの自然」が敢えて手をつけない作為的選択の産物なのと同じく、まさに作為的選択の産物に過ぎない。だから生活世界とは記さず〈生活世界〉と記す。つまり一連の運動は、オルタナティブな〈システム〉を選ぶ営みに当たるのだ。

同じく学問領域でも、ハーバマスの「生活世界の植民地化」、ベックの「予測不能・計測不能・収拾不能なリスクを伴う高度技術に共同体が隅々まで覆われたリスク社会」、ギデンズの「主体の像をシステムが供給する再帰的近代」等の概念が、人口に膾炙《かいしゃ》した。

日本社会が負う巨大なハンディキャップ

ただし日本に限っては先進国の多くを襲った「共同体と、市場・国家の両立可能性」を問う運動は皆無で、それゆえに学問領域でも、今紹介した諸概念の含意が人文・社会系の学者らに十分に理解されなかった。仮に彼らが理解していれば運動を唱道したはずである。

ここに一九九〇年代後半以降の橋本行革や小泉構造改革に見られる決定的勘違いの種が蒔《ま》かれた。破綻《はたん》を見越して財政規模を縮小すべく行革や構造改革を行う。一見良さげだが、市場や国家が提供するバケツに依存してきた人々は、屋根の葺き直し方法をとっくに忘れた。

日本では他の先進国と違って〈生活世界〉を保全するオルタナティブな〈システム〉を目指す運動はなかった。「共同体の共和」によって成り立つ「社会の分厚さ」を保つ運動はなかった。何かというと参加が奨励されるのに、いつも個人の尻ばかりが叩かれてきた。

典型が小泉構造改革だった。小泉構造改革とは、従来の基幹産業たとえば自動車産業を、新興国たとえば中国のそれと戦えるように、身軽にすることを意味する。それで自動車産業が勝ち残れば企業の収益率は上がるが、それは労働分配率の切り下げを対価とする。

これでは「経済回って社会回らず」のテイをなす。その証拠に平成不況が深刻化した九八年決算期以降、年間自殺者数は二万四〇〇〇人台から三万二〇〇〇人前後に跳《は》ね上がったままだ。「経済回って社会回らず」は、個人にとっては「金の切れ目が縁の切れ目」だからである。

こういうことだ。日本はある時期から――法化社会が目立つようになった一九八〇年代前半から――社会に大穴があいた。だがうまく回る経済が社会の大穴を埋め合わせてきた。だからこそ平成不況深刻化で経済が回らなくなると、社会の大穴が露呈するようになった……。

政治的には失敗が二点ある。第一に、本来必要なのは、どのみち中国のような新興国に追いつかれる産業から、遠い将来にわたって新興国が追いつけないか追いつく動機を持たない産業に、比較優位の分野をシフトする産業構造改革なのに、それができなかったこと。第二に、そうしたシフトを経てさえ新興国の発展ゆえに外貨獲得が容易でなくなるのはどの先進国でも同じで、だから「大きな政府」でなく「小さな政府と、大きな社会」でやるしかないのだが、「大きな社会」（相互扶助的に個人を包摂する社会）の樹立に程遠いこと。

第一点と第二点は結びつく。平成不況深刻化以降、地方はますます中央に依存、経済はますます大企業に依存、景気はますます外需に依存するようになった。外需依存的な中央の大企業にぶら下がるしかないので、既得権益を移動する産業構造改革ができないのだ。

教育の問題はこうした「共同体の消失」「〈生活世界〉の空洞化」「経済回って社会回らず」をどう克服して、（1）相互扶助的に個人を包摂する、（2）自己決定的な共同体たちの、

(3)共和から成り立つ社会を樹立できるのかということに関わる。社会設計の問題なのだ。

教育の問題は、自分の子供の幸せの問題を遙かに超える。学校教育に限らず、周囲の親たちの教育談義、公園や祭りなどでの親たちの振る舞い、幼児向け通信教材、子育て雑誌や子育て本など全般に、「社会のための子育て」という視座が欠けている。

教育を通じた社会設計、社会設計を通じた教育

先にも述べたように、成育環境が過去三〇年間で全く変わってしまったことが、「社会のための子育て」という観点から見て何を意味し、親や教員は、激変した成育環境について子供に対してどんな構えを持てばいいか。東氏とそれを問題にしたかった。

かつての成育環境が人格形成といかに結びついていたかを明らかにするために、四〇年前、僕が一〇歳だった頃の成育環境がどんなだったのかを、動物や虫というモチーフで思いつくままに語ろう。京都・嵐山の松尾大社の近くの小川で弟と手づかみでのザリガニ取りを競い、数時間で、僕が三〇匹だったのに、弟が四〇匹以上。負けて悔しかったことを思い出す。

だがその直後、僕の弟はマムシに噛《か》まれた。家の近くだったので、口で吸い出した後、

すぐ母を呼んで歩いて町医者へ。毎年クラスで一人は嚙まれていたし、僕らが遊んでいた小川では日常茶飯だった。でも小川に入っちゃいけないと言う大人は一人もいなかった。

嵐山では、家が山麓《さんろく》にあったので、押し入れの中にシマヘビがとぐろを巻いていたことがあった。近所にはよくある話で、父が「蛇は山の神様だから縁起がいいぞ」と言いながら、棒で手際よく頭を押さえて、手づかみにして、家の外に放り出した。父を尊敬した。

松尾大社の池で、アオダイショウが、逃げるカエルを猛スピードで追いかけて、食らいつく姿を何度か目撃した。蛇の動作が目にもとまらないほど素早いのに度肝を抜かれた。頭を地上三〇センチほどに保ちつつ、高速で水平移動する。怪獣映画よりもすごかった。

山科《やましな》では、僕が世話になっていたヤクザの子が、虫かごにマムシを入れて教室に持ち込んだことがある。みんなでバッタをとってきて、箸でつまんで虫かごに入れ、丸吞みするのを見物した。女の子たちも遠巻きにして見ていた。エキサイティングだった。恐かった。

もちろん、ヤクザの子＝ガキ大将が、お前らにはできねえだろうという感じで、意気揚々とマムシ入りの虫かごを教室に持ち込んでも、先生を呼びに行く子はいなかった。学級委員だった僕は、「じきにセンコーがくるで、窓の外に虫かごを出さんかい」と促《うなが》した。

このヤクザの子たちは僕の言うことをきいた。みそっかすの弟を含めて彼らは転校生の僕と遊んでくれたので、母が彼らをよく晩餐《ばんさん》に招いて高価なオモチャで遊ばせた。かわりに担任の覚え目出度《めでた》い僕は、ことあるごとに彼らをうまく弁護した。そんな関係だった。

美しい体験もあった。松尾大社の還幸祭《かんこうさい》ではゲンジボタルが大量に飛び交った。夜灯に照らされた屋台で串焼きや林檎《リンゴ》飴《あめ》を買い食いしながら、ふと見上げると、銀河のど真ん中に放り出されたかのように無数の光が乱舞していた。家の中までホタルが入ってきた。

学校の帰り道に林で見つけたサナギを持ち帰り、糊《のり》で茶箪笥《ちゃだんす》に貼り付けておいた。羽化《うか》するまでは何の蝶なのか分からなかった。ある朝目覚めたら、黒光りする大きなカラスアゲハが、優雅に部屋の中を舞っていた。両親を大声で呼んで、皆でしばし見とれた。

父親の大きな声で未明にめざめると庭木に羽化の最中のセミがいた。緑がかった白色の体を幼虫の殻から半分だけ出した状態で、そこから一時間以上かかって体の全体が出てきた。やがて夜が明けて日がさし、だんだんと焦げ茶に変わっていく。それは油蝉《あぶらぜみ》だった。

山科の疎水北側にある自殺名所だった安祥寺《あんじょうじ》池に、鉄条網でロックアウトされているにもかかわらず侵入し、びんどうという仕掛けを使ってメダカやフナなど無数の魚をとった。暗くなるまで魚とりをし、「自殺した女の幽霊が出よるでー」と脅し合ったものだ。

僕に若干のタフネスがあるとすれば、こうしたノイズに満ちた成育環境抜きには考えられない。動物や虫だけではない。小学校や地域でも、農家の子、地元商店の子、医者の子、地主の子、名物蕎麦屋の子、ヤクザの子、社宅の子が、混ざり合って遊んでいた。

アンダーグラウンドを含めて誰とでも知り合いになれる僕の性格は、家庭環境も家族文化も全く異なる雑多な子供たちと一緒に遊んだ成育環境抜きには、あり得ない。そして、僕のそうした性格抜きに、全国規模でのテレクラフィールドワークなどあり得なかった。

こうした生活環境や学校環境を背景にした人格形成の問題を横において、受験への取り組みを中心とした教育方針にばかり注目したり、「いい学校・いい会社・いい人生」を信じていたりする大人は、問題があるというよりも、僕には単なる馬鹿であるように見える。

こういう馬鹿な大人たちによって教育がなされた場合、(1)相互扶助的に個人を包摂する、(2)自己決定的な共同体たちの、(3)共和から成り立つ社会は、樹立できるのか。つまりそうした社会を構成する人材を生み出せるのか。残念だが絶望的だと言う他ないだろう。

僕は、こうした「(子供たちへの)教育を通じた社会設計」に必要な大人たちの人材を生み出すべく、「社会設計を通じた(大人たちへの)教育」を使って親業教育をなすべきだと考えている。成育環境を立て直さずに、教員や親が頑張っても、多くは徒労である。

かなり健闘したが、道半ばというところ

本文でも中心的に触れられるが、(1)相互扶助的に個人を包摂する、(2)自己決定的な共同体たちの、(3)共和から成り立つ社会にとっては、グループワーク能力の養成が必須なのに、日本は時代遅れの能力別編成に堕した結果、国際学力比較調査で低順位化しつつある。

こうした時代錯誤もまた、法化社会とほぼ同じく、一九八〇年代後半から社会を広く覆った。その結果、高偏差値大学には、どんなに成績が良くても企業が絶対に採用しないような、グループワーク能力に欠けた学生が溢《あふ》れるようになった。彼らは今後どうするのだろう。

僕が、今の日本は根本的にダメだと思った一つの契機は、新自由主義に対する理解の誤りだった。新自由主義は、剝《む》き出しの個人が市場で競争することを奨励していない。家族親族ユニットの大きさを背景にした、共同体と市場の単なる境界設定の問題に過ぎない。

アングロサクソンは伝統的に直系家族的で家族親族ユニットが小さい。ゲルマンやとりわけラテンは拡大家族的で家族親族ユニットが大きい。両者を比べると、ラテンが家族親族ユニット内の相互扶助で調達するものを、アングロサクソンは市場で調達している。

だから、アングロサクソンは市場原理主義であるように見えやすい。だが、単に家族親族ユニットが小さいだけだ。市場のプレイヤーは、剝き出しの個人としてではなく、あくまで家族親族ユニットを背負った存在として現れる。あるいは家族という帰還場所を持つ。だからこそ、わざとらしいとも思えるほどの、家族共同体への再帰的な関わりがある。ところが日本人は、このアングロサクソンの営みを、個人が剝き出しで競争する市場原理主義であるかの如く勘違いした。アングロサクソンでさえそのような文化とはかけ離れている。

個人の自己決定か、国家による福祉か、という問題設定は、八〇年代以降は日本以外には存在しない。新自由主義も、スローフード運動やメディアリテラシー運動も、自己決定的な共同体を、競争的市場や、国家による福祉と、どう両立させるかという問題設定だ。

見掛けがどうあろうと、結局は自己決定的な共同体(の共和によって成り立つ社会)のサイズや紐帯《ちゅうたい》原理が、社会ごとに異なるだけだ。先に「共同体と市場の境界設定の問題に過ぎない」と述べた所以《ゆえん》だ。何度も言うが、剝き出しの個人という概念には意味がない。

だが、先に「生活世界でなく〈生活世界〉」と記したように、これは伝統に従えとか、長いものに巻かれろという話では全くない。汎《はん》〈システム〉化した後期近代の社会では、

〈生活世界〉も、〈システム〉の構成要素として言挙《ことあ》げされ、選ばれたものに過ぎない。

従って、共同体や〈生活世界〉に対して、多かれ少なかれ共同体的な事実性に埋め込まれた部分を持つ諸個人が、完全に自由な関わりが論理的に無理であるにせよ、いかにしてそれなりに再帰的（自覚的）に関わるかが、永久に問題として問われ続けるのである。

僕は、共同体や〈生活世界〉の再帰的構築ということの問題について、東浩紀氏ほど自覚的な存在はいないと思う。「僕と同じように」、子供を持って、子供が将来幸せに暮らせる社会を構想するというところから、そうした自覚を先鋭化したのではないかと思う。

ゼロ年代にオタクを擁護した東氏と、九〇年代に援交少女を擁護した宮台が、二〇一〇年代に「父として」語るということは、かつて自分たちが擁護した社会「のままで」子供が幸せな大人になれるのかという問いに向き合うことだ。僕らはかなり頑張ったが、まだまだ道半ばである。

二〇一〇年六月二十五日

長女はびるの四歳の誕生日に

宮台真司

東　浩紀
（あずま・ひろき）
一九七一年生まれ。批評家、小説家、早稲田大学教授。専攻は哲学、表象文化論。著書に『動物化するポストモダン』（講談社現代新書）、『自由を考える』『東京から考える』（共著、NHKブックス）、『クォンタム・ファミリーズ』（新潮社、三島由紀夫賞受賞）など。

宮台真司
（みやだい・しんじ）
一九五九年生まれ。社会学者、首都大学東京教授。専攻は理論社会学、社会システム理論。著書に『14歳からの社会学』（世界文化社）、『日本の難点』（幻冬舎新書）、『中学生からの愛の授業』（コアマガジン）、『幸福論』（共著、NHKブックス）など。

NHK出版　生活人新書　324
父として考える

二〇一〇（平成二十二）年七月　十　日　第一刷発行
二〇一〇（平成二十二）年九月二十五日　第四刷発行

著者　東　浩紀・宮台真司

発行者　遠藤絢一
発行所　日本放送出版協会（NHK出版）
〒一五〇―八〇八一　東京都渋谷区宇田川町四一―一
電話　（〇三）三七八〇―三三一八（編集）
（〇五七〇）〇〇〇―三二一（販売）
http://www.nhk-book.co.jp　（ホームページ）
http://www.nhk-book-k.jp　（携帯電話サイト）
振替　〇〇一一〇―一―四九七〇一
装幀　山崎信成
印刷　亨有堂印刷所・近代美術　製本　笠原製本

ISBN978-4-14-088324-2 C0236
Printed in Japan